楞嚴經易知錄（下）

默庵法師 著

今之山河大地，高下不平者，
實是我心不平。
若心平，一切山河大地皆平。

華夏出版公司本著「弘揚傳統文化，好書永世流傳」的理念，因舊版圖書年代久遠，囿於時空因素，在尚未能聯繫到原著作人並取得同意下，重新出版了這本著作，如有侵權，敬請著作權人或其親友和華夏出版公司聯繫，謝謝您。

大佛頂如來密因修證了義諸菩薩萬行首楞嚴經易知錄卷第六

南嶽　祝聖沙門釋默庵治定

(辛)五觀耳根此門次序、本應在那律後、由其正被當機故、俟衆聖各已畧陳、乃廣陳修證之相也、文分為二、初敘悟緣起、二牒證結答、

(壬)初中三、初值佛稟教、二依教修證、三由證起用、

(癸)今初

爾時觀世音菩薩、即從座起、頂禮佛足、而白佛言、世尊、憶念我昔無數恒河沙劫、於時有佛、出現於世、名

觀世音、我於彼佛、發菩提心、彼佛教我從聞思修、入

三摩地、

文句、觀者、能觀之智、所謂一心三觀也、世音者、所觀之境、所謂一境三諦也、世有三種、一器世間、所謂同居方便實報寂光、二衆生世間、所謂天、人、阿修羅、地獄、鬼、畜生、三正覺世間、所謂佛菩薩緣覺聲聞、以要言之、即十法界、若依若正也、音者、依正所出種種音聲、此音本即如來藏性、循業發現、衆生迷本聞、循聲流轉、故於十界依正音聲、不能普徧圓觀、又於所聞音聲、或是有漏、或是無漏、或善

揆求癸切度也

或惡或樂或苦隨其妄想起諸分別不違一切音聲皆如來藏三諦妙理惟此菩薩證耳根圓通觀一切音皆妙三諦故名觀世音也古佛亦名為觀世音正顯師資一揆我於彼佛發菩提心者亦如阿難圓悟藏性深發四弘也彼佛教我從聞思修入三摩地者亦如今佛開示阿難定境修觀也聞思修三字尋常作三慧釋今則稍異謂以聞根為所觀境從此思惟修習而入三昧下正備明思惟修習及證入起用之相也釋此圓通亦須三意境通別者隨聞一動一靜一聲一響皆可觸發聞

機別成所觀之境今但云從聞思修其境通也觀
盈縮者觀此耳入因緣所生全體虛妄無我我所
是藏教意耳入即空是通教意耳入出生十界因
果是別教意耳入本如來藏如來藏中性聞覺明
覺精明聞妙德瑩然周徧法界等是圓教意也證
則本迹俱圓具如下釋

(癸)二依教修證二初總叙圓修二別明破陰

(子)今初

初於聞中入流亡所

文句初於聞中四字明其所觀之境雖十八界皆

得為所觀境，而大士初下手時，別從耳門而入，故定聞根為所觀境，此境不取所聞聲相，亦不取耳識能分別相，但聞而已。入之一字，明其能觀之智，衆生循聲流轉，非背而背，名之為出，大士反聞自性，非合而合，名之為入，即一心三止三觀也。流之一字，明其所顯之諦，下文云，此則圓真實，此則通真實，此則常真實，乃是聞性真流，以此圓通常性，不變隨緣，隨緣不變，故名為流。若隨染緣，則流為九界，若隨淨緣，則流為佛界，九界名生死流，佛界名涅槃流，正隨流時，水性一不變，十界俱非，十界名真諦法流。惟一水性。隨十界流。十界俱即。十界名俗諦法流。流外無水。水外無流。非水非流。即流即水。十界俱離。即離非。是即非即。名中諦法流。真諦即圓真實。俗諦即通真實。中諦即常真實。又三諦俱圓。量周徧故。三諦皆通。具勝用故。三諦皆常。體不變故。若以能入止觀。對所入法流。須知橫豎二義。方達非橫非豎。言豎入者。體真止空觀。入真諦流。方便隨緣止。假觀。入俗諦流。息二邊分別止。中觀。入中諦流。言橫入者。一心三止。入真諦流。一心三觀。入俗諦流。止觀不二。入中諦流。如此橫豎即非橫豎又所觀聞境、本具三諦、總名妙假、能觀止觀、三智一心、總名為空、所入法流、能所雙絕、總名為中、當知約義說三、實非二體、非一非三、而三而一、根塵識性、一一咸爾、眾生迷悶、日用不知、今以妙止觀力、向耳門中、圓顯此理、則一顯一切顯矣、言亡所者、亡之一字、總顯澄濁得清、妄結得解之功、所之一字、總指耳根門頭、五疊渾濁、虛妄結根之相、蓋迷背時、全即以此真流之理、而成妄所、今了悟時、全即融彼妄所之法、而成真流、故云入流亡所、又復應知、入之一字、一心三止三觀、止觀不二是般若德流之一字一境三諦三非定三是法身德亡所二字即解脫德所無實體則亡無可亡所是幻妄則不亡而亡所非有無則非亡非不亡而論於亡也

(子)二別明破陰夫所亡妄所元無實體能亡觀智亦無漸次但就迷中五疊渾濁不無淺深故令悟時不妨無次第中說於次第直是語不頓彰實則次第元非次第也分文為五初圓破色陰超劫濁至五圓破識陰超命濁(丑)今初

所入三諦之流既爾湛寂則動靜二相了然不生

文句、此以一心圓妙止觀、直觀聞性本圓、本通、本常、了知耳根所、對動靜二塵、本如來藏妙真如性、動亦不生、靜亦不生、不生之理、了然即在二相之中、非滅二相、而後為不生也、夫動靜二相既已了然不生、則凡明暗通塞恬變合離生滅等相、又豈有生、故得圓破色陰、超劫濁也、欲知此中修德淺深、仍須善達橫豎二義、豎約六即、橫約四土、豎中有橫、橫中有豎、乃能會入非橫非豎、言六即者、衆生循聲流轉、妄計動滅靜生、靜滅動生、而動本無動、靜本無靜、是謂理即不生、知此動靜二相、來無所從去無所至是謂名字即不生依於聞根而觀聞性深達不生之理圓伏五住是謂觀行即不生觀力既深相似理現六根清淨麤垢先除是謂相似即不生無明豁破秘藏理顯一動一靜無非三德是謂分證即不生動亦法界靜亦法界法界圓照惟妙覺明是謂究竟即不生今一往約豎先亡聲塵之所位在觀行若即豎論橫通於究竟不生也言四土者六凡眾生以聲生為動聲滅為靜是同居土動靜二相二乘以生死為動涅槃為靜是方便土動靜二相菩薩以二邊為動中道為靜是

實報土動靜二相。佛以不變隨緣為動。隨緣不變為靜。又不變隨緣故非動說動。非靜說靜。隨緣不變故動亦不生。靜亦不生。是寂光土動靜二相。今一往約橫。則四土動靜。皆悉了然不生。即橫論豎。則六凡動靜二相。了然不生。超同居土劫濁。位在圓教七信。二乘動靜二相。了然不生。超方便土劫濁。位在十信。菩薩動靜二相了然不生。超實報土劫濁。位在初住已上。佛界動靜二相。了然不生。證寂光土真善妙色。一念普觀無量劫。一塵普現十方界。十世古今。始終不離於當念。微塵剎土。自他尋，徐林切，音潯，周禮地官註，八尺曰尋。

不隔於毫端，又能示現種種時劫，種種延促，皆悉自在，位在妙覺也。是謂初於聞中，入色陰本如來藏之流，亡九界劫濁之所。

㊀ 二圓破受陰，超見濁。

如是漸（紋）增（進，可獲）聞所聞盡。

文句，如是漸增者，理則頓悟，乘悟併銷，事非頓除，因次第盡，縱令利刀，一截千紙，而中間層數，元自不亂，縱令大鵬，一舉九萬，而中間尋尺，亦自歷然，故不妨於非漸次中，說漸次也，動靜二相，了然不生，則所聞之性本盡，所聞既盡，能聞亦然，所謂旋聞與聲脱能脱欲誰名夫能聞所聞既盡則能見所見能嗅所嗅能嘗所嘗能覺所覺能知所知又豈不盡故得圓破受陰超見濁也約六即者衆生終日循聲流轉而聲本無性聞亦本空是理即盡達此本盡之理是名字即盡餘可例知今一往約豎次亡聞根之所位在初信乃至七信若即豎論橫通於究竟盡也約四見者六凡以根為能聞聲為所聞起有我見二乘以慧耳為能聞以真諦為所聞起無我見菩薩以法耳為能聞以俗諦為所聞起亦我亦無我見佛以佛耳為能聞以中諦為

所聞成非我非無我無上正見。今一往約橫則四種聞所聞皆盡。即橫論豎。則凡夫聞所聞盡。超有我見濁位。在七信。二乘聞所聞盡。超無我見濁位在十信。菩薩聞所聞盡。超亦我亦無我見濁。位在初住已上。佛界聞所聞盡。成非我非無我正見位在妙覺也。是謂初於聞中入受陰本如來藏之流亡九界見濁之所。

㊀丑 三圓破想陰超煩惱濁

盡聞。言能聞所聞既盡則斷斷不可住於聞所聞盡之地。於此不生法愛。便可圓破想陰。超煩惱濁。故曰覺所覺空。

文句不住二字即是於未足中不生滿足證也後文云若動念盡浮想銷除於覺明心如去塵垢一倫生死首尾圓照名想陰盡又云想陰盡者是人平常夢想銷滅寤寐恒一覺明虛靜猶如晴空無復麤重前塵影事乃至唯一精真故知此文是圓破想陰以超煩惱濁也約六即者眾生終日起諸妄想而妄想無性無能覺所覺是理即空知此妄想無性無能無所是名字即空餘可例知今一往約豎次亡覺觀之所位亦在圓七信若即豎論橫通於究竟即空也約四慧者凡夫以根塵為所覺

邪慧為能覺。成見思煩惱。二乘以真諦為所覺。空慧為能覺。成塵沙煩惱。菩薩以二諦為所覺。道慧為能覺。成無明煩惱。佛以中諦為所覺。佛慧為能覺。成無上菩提。今一往約橫。則四種覺所覺皆空。即橫論豎。則凡夫覺所覺空。超見思煩惱濁。位在七信。二乘覺所覺空。超塵沙煩惱濁。位在十信。菩薩覺所覺空。超無明煩惱濁。位在初住已上。佛界覺所覺空。煩惱即菩提。位在妙覺也。是謂初於聞中入。想陰本如來藏之流。亡九界煩惱濁之所。

㊀丑 四圓破行陰超眾生濁

空覺。能覺所覺既空。故曰空覺。然此空覺。未是究竟。必也使此空覺之理。極極圓滿。則能空之智。所空之覺。亦復俱滅。便可圓破行陰超眾生濁生滅行陰也。行陰既滅。則寂滅現前。

文句。極之一字。即是不生滿足任運增進之功也。後文云。若此清擾熠熠元性。性入元澄。如波瀾滅。化為澄水。名行陰盡。又云。行陰盡者。諸世閒性。幽清擾動同分生機。倏然隳裂。沈細綱紐補特伽羅酬業深脈。感應懸絕。於涅槃天將大明悟。內外湛明。入無所入。乃至已滅生滅。而於寂滅精妙未圓。故知此文是圓破行陰。以超眾生濁也。約六即者。

眾生妄見種種生滅，而本無生滅可得，是謂理即寂滅，餘可例知。今一往約豎次亡空理生滅之所，位在十信，若即豎論橫，通於究竟寂滅也。約四行者，凡夫以有名生，以無名滅，成有漏行，作世間眾生，二乘以生死為生滅，偏真為寂滅，成無漏行，作出世眾生，菩薩以二邊為生滅，但中為寂滅，成漏無漏行，作大道心成就眾生，佛以不變隨緣為生滅，隨緣不變為寂滅，成不思議行，作無上眾生。今一往約橫，則四種生滅皆滅，若即橫論豎，則凡夫生滅既滅，超世間眾生濁，位在七信，二乘生滅既滅超出世眾生濁位在十信菩薩生滅既滅超大心眾生濁位在初住已上佛界生滅既滅成無上眾生位在妙覺也是謂初於聞中入行陰本如來藏之流七九界眾生濁之所

㊀丑 五圓破識陰超命濁

忽然超越世出世間十方圓明獲二殊勝一者上合十方諸佛本妙覺心與佛如來同一慈力二者下合十方一切六道眾生與諸眾生同一悲仰

文句後文云十方世界及與身心如吠瑠璃內外明徹名識陰盡又云識陰若盡則汝現前諸根互

用從互用中能入菩薩金剛乾慧圓明精心、於中發化、如淨瑠璃內含寶月、如是乃超十信十住等、迺至圓滿菩提歸無所得、故知此文是圓破識陰、以超命濁也、夫如來藏妙真如性、本自俱非世出世間、所以俱即世出世間、由眾生迷悶、背覺合塵、妄為五濁之所覆障、是故凡夫以世間自圍、聖人以出世自局、既圍且局、則其相不圓、其光不明、譬如月體雖無增減、而光相妄有盈虧、今以稱性所起圓頓止觀、圓破五陰、而澄五濁、故得發本明曜、徹證三無差別之性、而上合下同也、諸佛本妙覺心即是衆生心內諸佛今既自證九界中本具佛界之性便能徧與十界道滅故云與佛如來同一慈力是名無緣大慈十方一切衆生即是諸佛心內衆生今既自證佛界中本具九界之性便能徧拔十界苦集故云與諸衆生同一悲仰是名同體大悲十界惟是一心慈悲本自不二且約究竟義顯故但稱諸佛本妙覺心非謂本妙覺心獨在諸佛又約拔苦義強故但稱一切六道衆生非謂同體悲仰不徧九界也約六即者世間本非世間出世本非出世是謂理即超越餘可例知今一往約

竪次亡寂滅之所。位在初住已上。若即竪論横。通於觀行超越。乃至究竟超越也。約四識者。凡夫以現前為世間。妄計諸天神仙為出世間。成有漏識。起分段命濁。二乘以三界為世間。以偏真涅槃為出世間。成無漏識。起方便土變易命濁。菩薩以生死涅槃皆為世間。以中道佛性迴超二諦為出世間。成漏無漏識。起果報土變易命濁。佛以如來藏性。不變隨緣為俱即世出世間。隨緣不變為俱非世出世間。成菴摩羅識。證法性無量壽命。今一往約横。則四種世出世間皆悉超越。若即横論竪。則破凡夫世間有漏識陰，超同居命濁，位在七信。破二乘出世間無漏識陰，超方便命濁，位在十信。破菩薩亦世間亦出世間漏無漏識陰，超實報命濁，位在初住已上。顯佛界非世間非出世間菴摩羅識陰，證寂光無量壽命，位在妙覺也。是謂初於間中入識陰本如來藏之流，亡九界命濁之所。

(癸)三由證起用三。初明三十二應，二明十四無畏，三明四不思議無作妙德，二十四聖所證藏性既同，則所具妙用亦等。但非此會當機，故皆畧而不說，慎勿因此作勝劣想也。此三妙用，不出慈悲感應以觀音大士心中所有十界苦樂而為能感以十界眾生心中所具大士慈悲而為能應則有顯感顯應冥感顯應顯感冥應冥感冥應亦冥亦顯感而顯應亦冥亦顯感而冥應之不同顯感顯應者眾生現在三業精勤得見大士所現自身他身得聞大士所說權實諸法冥感顯應者眾生過去善根滔熟得見大士自他等身得聞大士權實等法此二通於三十二應十四無畏及四妙德顯感冥應者現在三業精勤雖不見身聞法而密得四益冥感冥應者

過去善根淳熟、密得四益、此二惟在十四無畏、及第四妙德、亦冥亦顯、感而顯應者、過去善根淳熟、現在三業精勤、得見大士自他等身、聞權實法、此亦通於三十二應、十四無畏、及四妙德亦冥亦顯、感而冥應者、過現善根業力、雖不見身聞法、密成四益、此亦惟在十四無畏、及第三第四二妙德也、然此三種妙用、各有歡喜生善滅惡入理四益、各有拔苦與樂二用、而一往為語、則三十二應與樂義強、故承上文慈力言之、十四無畏拔苦義強、故承上文悲仰言之、四無作德慈悲不二。故名不思議也。又三十二應。既稱與佛同慈。而現身說法。乃具十法界身。則知眾生是諸佛心內眾生。十四無畏。既稱與生同仰。而所獲功德。不離大士身心。則知大士是眾生心幻大士矣。

㊀子 初明三十二應。此與法華普門示現同而不同。同者。皆現十法界身。不同者。法華說法。惟指流通圓教。此經說法。偏用權實四悉也。又分為三。初總明大用所起。二別明應說之相。三結明功由三昧。

㊀丑 今初。

世尊由我供養觀音如來蒙彼如來授我如幻全性起修
修即無修故云如幻以本覺聞性薰於始覺以聞性中所起始覺修於本覺以其頓破無
明結根頓顯常住藏性故云金剛三昧與佛如來同慈力故令我
身成三十二應總不出十法界身也入諸國土即是於實報方便同居三土橫
豎而入也

(丑)三別明應說之相二初現四聖法界二現六凡
法界

(寅)初中四初應菩薩至四應聲聞(卯)今初
世尊若諸菩薩遍指四教圓中大士也欲入三摩地進修當教無漏
勝解現前圓滿我即現當教佛果之身隨其
道品或相似或分證或究竟

所應也。而為說四種第一義之法令其證當教佛果解脫之道究竟歸於圓教解脫

卯 二、應獨覺。

若諸有學寂靜妙明指無生觀慧言也。夫無生觀慧將勝妙現前圓滿。我於彼前現獨覺身溫陵曰。獨覺者。出無佛世。觀物變易。自覺無生。故號獨覺。正脉云。此非天然外道。蓋是多生受佛小教熏習。當歷七生方證無學。終不至於八生。今第七生出無佛世。證期已至。忽然觸境覺悟。菩薩現同類身。而為說法令其解脫也。

卯 三、應緣覺

若諸正脉云。諸字但指一類多人而言。有學通議曰。未發真前。名為有學。梵語辟支迦羅。此云獨覺。亦云緣覺。獨但自悟。即前所現。斷十二緣修還滅門曰斷。四依解。緣覺者。稟佛之教。

觀十二因緣，流轉還滅二門，今從無明還滅至於老死盡滅，故曰斷十二緣也。緣斷勝性，言已能成就斷緣之勝性也。夫欲求斷斷緣生之殊勝妙性現圓者，我於彼前現緣覺身，長水疏：理智將圓，菩薩身同，必誘之使進。而為說法，令其速證解脫也、

㊉卯 四應聲聞。

若諸有學，得四諦空，修道入滅，言先於四諦，悟生空理，證須陀洹，今進修無漏道品，欲入滅度也。夫將證無學，名勝性現，乃將圓未圓之時。我於彼前現聲聞身，而為說法，令其解脫。長水疏：然後誘之，不滯化城，進趨大果。

㊉寅 二現六凡法界為二、初成就樂欲，二成就厭離。

㊉卯 初成就樂欲二、初應天眾，二應人眾。

㊁辰 初中二，初應天主身，二應天臣身。

㊁巳 初又四，初應梵王身，至四應大自在身。

㊀午 今初。

若諸眾生欲（使其）心明悟，（且指欲界為暗，色界為明。欲染為迷，梵行為悟也。）不犯欲（染穢）塵，欲（令其）身清淨，我於彼前現梵王身，而為說法，令其解脫。（欲界繫縛之苦故。又令轉入出世道上品十善，兼修根本禪定，為生梵天之故。梵王，即初禪天王也。）

㊀午 二應帝釋身

若諸眾生欲為天主，（四依解，此天居須彌山之頂，頂有五峯，周圍四峯，每峯有八天，中間帝釋所居，共三十三天，而帝釋統之，故曰）統領諸天，我於彼前現帝釋身而為說（上品十善化他之）法令其成就也。

㊀午　三應自在身。

若諸眾生欲（使其）身自在（四依解此天居欲界頂梵語婆舍跋提此云他化自在天蓋假他化以成已樂也長水疏自在者慈恩云得異熟果隨意所念勝下二天下二天果依樹而得令隨欲得名為自在也貫珠亦即魔王天或云此天之上別有魔宮亦此天攝）游行（六欲四洲之）十方我於彼前現自在天身而為說（十善及修未到地定之）法令其成就也。

㊀午　四應大自在身。

若諸眾生欲身自在飛行虛空（四依解此天居色界頂大論云三目八臂騎白牛執白拂者是也如法華經言能過五百萬億國推尋供佛其游行自在超越諸天可徵矣）我

於彼前現大自在天身而為說四禪四無量心之法令其成就也

㊁二應天臣身三 初應天將身 至 三應太子身

㊂今初

若諸眾生愛統鬼神四依解此屬天臣乃帝釋天侍衛將帥也正脈此似四王各有八將而韋馱為上首是也各統所部鬼神即八部之類救護國土者宣律師感通傳天人費氏云一王之下有八將軍四王三十二將周四天下往還護助諸出家人四天下中三天下佛法大弘東西天下人少黠慧煩惱難化南方一洲雖多犯罪化令從善心易調伏佛臨涅槃親受囑付並令守護天人韋琨南天王八大將軍之一三十二將之首魔子魔女輕弄比丘將軍悔惶奔赴應機除剪有事至王所王見皆起為韋將軍修童真業受佛囑付正法故我於彼前現天大將軍身

而為說五戒十善。摧邪輔正之法。令其成就也。

㊀二應四王身。

若諸眾生。愛統世界。四依解。四天應列天主。以臣於帝釋。故列臣次。長水疏。四天王者。上升之元首。下界之初天。於須彌山。各居一埵。所領鬼神。每王二部。共八部眾。保護眾生。我於彼前。現四天王身。而亦為說五戒十善。摧邪輔正之法。令其成就也。

㊀三應太子身。

若諸眾生。愛生天宮。要解。四天王太子。即那吒之類。能驅使鬼神。我於彼前。現四天王國太子身。正脉。按統紀。四天王。各有太子九十一人。菩薩現身。而亦為說五戒十善。摧邪輔正之法。令其成就也。

辰二應人衆四。初應世諦男衆。至四應童真二衆。

巳初又二。初應人主。二應臣民。午令初

若諸衆生樂為人王。文句。人王有五種。一金輪王。主四天下。二銀輪王。主三天下。除北洲。三銅輪王。主二天下。除西北二洲。四鐵輪王。主一天下。唯統南洲。五粟散王。如西域十六國王。此土諸候王等。我於彼前現人王身而為說五戒十善化他之法。令其成就也。

午二應臣民四。初應長者。至四應術士。未令初

若諸衆生愛主族姓。四依解。主族姓。即一族之長也。世間推讓。即邦國之長。戒德風遠被。華夷皆推尊之。故曰世間推讓。我於彼前現長者身而為說成德之法。令其成就也。

(未)二應居士.

若諸衆生愛談名言. 文句.名言者.典雅名世之言.正脉.此有德無位.或談道論德.爲人師範.或著書立言.垂教後世.蓋隱淪不仕.

清淨自居. 如此方李通玄.龐縕之類.

我於彼前現居士身.而爲說法.令其成就. 居家求道之者.按李長名通玄.太原東北人.蓋唐宗室也.以開元七年.隱於方山土龕.造華嚴合論.凡四十軸.伏虎負經.神龍化泉.晝則天女給侍.夜則齒光代燭.示寂之日.飛走悲鳴.白氣翼天.報齡九十六.龐縕者.衡州衡陽縣人也.字道元.世本儒業.少悟塵勞.志求真諦.唐貞元初.謁石頭.乃問.不與萬法爲侶者.是甚麼人.頭以手掩其口.谿然有省.後與丹霞爲友.一日石頭問曰.見老僧以來.日用事作麼生.士曰.若問日用事.即無開口處.乃呈偈曰.日用事無別.惟吾自偶諧.頭頭非取捨.處處沒張乖.朱紫誰爲號.邱山絕點埃.神通并妙用.運水及搬柴.頭然之.曰.子以緇耶.素耶.士曰.願從所慕.遂不鬚染.後參馬祖.問曰.不與萬法爲侶者是甚麼人.祖

曰。待汝一口吸盡西江水。即向汝道。士於言下頓領元旨。後以舟盡載珍槖數萬。沈之湘流。舉室修行。有女名靈照。常鬻竹漉篱以供朝夕。有偈曰。有男不婚。有女不嫁。大家團圞頭。共說無生話。士將入滅。謂靈照曰。視日早晚。及午以報。照遽報。日已中矣。而有蝕也。士出户覲次。靈照即登父座。合掌坐亡。士笑曰。我女鋒捷矣。於是更延七日。州牧于公頓問疾次。士謂之曰。但願空諸所有。慎勿實諸所無。好去世間。皆如影嚮。言訖。枕于公膝而化。遺命焚棄江湖。旋遺使人報諸妻子。妻聞之曰。者愚癡女與無知老漢。不報而去。是何忍也。因往告子。見斷畬。曰。龐公與靈照去也。子釋鉏應之曰。嗄。良久亦立而亡去。母曰。愚子癡一何甚也。亦以焚化。眾皆奇之。未幾。其妻乃徧詣鄉間告別。歸隱。自後沈迹复然。莫有知其所歸者。其事更奇卓。

(未)三應宰官。

若諸眾生愛治國土。剖判決斷民之枉直。使邦邑安隱邦封也。有功者封於此也。邑。縣邑也。我於彼前現宰官身。別行云。宰是主義。官是功能義。要解。三台輔相。州牧縣長悉號宰官。而為說移風易俗。片言折獄之法。令其成就也。

㊀未 四應術士。

若諸眾生。愛諸數術。即咒禁與和合。占相推步盈虛等術。攝衛自居者。調養身壽之法。如郭璞華陀之類。我於彼前現婆羅門身。而為說算數方術之法。令其成就也。

㊀巳 二應秉教二眾二。初應出家二眾。二應在家二眾。

㊀午 初應出家二眾二。初應比丘眾。二應比丘尼眾。

㊀未 令初

若有男子。好學出家。持諸戒律。貫珠。自十戒進至二百五十戒。我於

彼前現比丘身，而為說三聚律儀之法，令其成就也

㊣未 二應比丘尼眾。

若有女人，好學出家，持諸禁戒，我於彼前現比丘尼身，而為說求離諸染之法，令其成就。四依解，尼，女也，別前男子出家，故曰比丘尼，禁戒別前常律，更加嚴禁，故諸戒亦自十戒，進具五百也。

㊣午 二應在家二眾二，初應優婆塞眾，二應優婆夷眾。

㊣未 今初

若有男子，樂持五戒，志慕清淨，敬事三寶，我於彼前現優婆塞身，此云近事男，謂男子以五戒清淨，堪近事三寶也，而為說五常五戒等法，令其成就也。

(未)二應優婆夷衆

若有女子。欲求不犯五戒。清淨自居。我於彼前現優婆夷身。此云近事女。謂女子以五戒自居清淨。堪近事三寶。亦可近事出家比丘尼。而為說五戒之法。令其成就也。

(巳)三應世諦女衆。

若有女人。內政立身。四依解。內政簡男子。天子公卿等。掌外政。王后妃嬪等。掌內政。政者。即誠意修身。齊家治國之事。家國以身為本。故曰立身。身立而家國齊。故曰以修家國。我於彼前現女主身。天子之后也。及國夫人。邦君之妻也。命婦。妻因夫榮之稱。大家。如後漢扶風曹世叔妻者。同郡班彪之女。名昭。字惠姬。和帝數召入宮。令皇后貴人師事焉。號曰大家。而為說修齊家國之法。令其成就也。

巳四應童真二衆二。初應童男衆。二應童女衆。

午今初。

若有衆生。立志全身。不壞男根。言終身而不犯女色者。我於彼前現童男身。童者。亦子之稱。而為說之無染法。令其成就也。

午二應童女衆

若有處女。夫嫁之女也。愛樂處身者。言常願為處女。終不出嫁。故不求侵暴。蓋幽處自潔。不欲有所犯也。我於彼前。現童女身。而為說堅貞自守。離欲清淨生天等因之法。令其成就也。

文句。令其成就有二意。一者現在成就樂欲。二者密令將來成就菩提也。

㊞卯 二成就厭離二。初應八部諸衆。二應人非人衆。

㊞辰 初應八部諸衆。此中闕迦樓羅部。就分為七。初應諸天衆。至七應大蟒衆。

㊞巳 今初

若有諸天樂出天倫。我現天身。而為說法。令其成就。

文句。諸天雖樂。亦有二苦。一者為樂所醉。不得見佛聞法。二者復有一種天人。雖由總業得受天身。別業福微。恒受饑渴。故有樂出其倫者也。

㊞巳 二應龍衆。

若有諸龍樂出龍倫。我現龍身。而為說斷淫法。令其成就。貫珠。龍之生類不同。相貌不同。住處不同。善惡不同。故曰諸龍。又龍有熱沙金翅諸苦。故厭本倫而求出也。

㊁三應輕捷眾。

若有藥叉樂度本倫，我於彼前現藥叉身而為說斷殺法，令其成就。

西域記：藥义，舊訛曰夜义。什曰：秦言貴人，亦言輕疾，亦云捷疾。有三種：一在地，二在虛空，三天夜义也。地夜义但以財施故，不能飛空。天夜义以車馬施故，能飛行。佛轉法輪時，地夜义唱，空夜义聞，空夜义唱，四天王聞，如是乃至梵天。清涼云：此類飛空噉人，故菩薩示為其王，翻加守護，亦令愛見羅剎不害法身慧命。

㊁四應香陰眾。

若乾闥婆樂脫其倫，我於彼前現乾闥婆身而為說斷戲之法，令其成就。

法華文句：此云齅香，以香為食，亦云香陰，其身出香，故亦云尋香。沕云：帝釋宮欲作樂，燒沈水香，此神即尋香氣而往。淨名疏：此亦陵空之神，不噉酒肉，惟香資陰，是天帝幢側樂神。在須彌南。金剛窟住。起世經。雪山右面。黑山北。有香山。其中常有歌舞唱伎音樂之聲。山有二崛。七寶所成。柔軟香潔。猶如天衣。妙香乾闥婆王。從五百乾闥婆王。在其中止。

(巳)五應非天眾。

若阿修羅。樂脫其倫。我於彼前。現阿修羅身。而為說斷瞋之法。令其成就。什曰。阿修羅。秦言不飲酒。因緣出雜寶藏。法華疏。阿修羅。採四天下花。醞於大海。龍魚業力。其味不變。瞋妬誓斷。故言無酒。阿修羅在因之時。懷猜忌心。雖行五常。欲勝他故。作下品十善。感此道身。羅睺云障持化身長八萬四千由旬。舉手常障日月。世言日月蝕。

(巳)六應歌神眾。

若緊那羅。樂脫其倫。我於彼前。現緊那羅身。而為說斷諂之法。令其成就。什曰。秦言人非人。似人而頭上有角。人見之。言人耶。非人耶。故以名之。亦天使神也。小不及乾闥婆。清涼云。雜心論。畜生道攝。亦云歌神。以能歌詠。是天帝執法樂神。即四王眷屬。表菩薩似眾生形。而非眾生。常以法樂娛眾生故。菩薩處胎經云。緊那羅住須彌山北。亦在十寶山閒。由昔布施之力。居七寶宮殿。壽命甚長。以瞋怒沙門。故八十四劫。常無手足。諸天燕會。與乾闥婆分番上下。天欲奏樂。腹下汗流。便自上天。有緊那羅名頭妻磨。琴歌諸法寶。栴以讚世尊。大樹緊那羅王所問經云。此王以所彈琉璃二琴。閣浮檀金花葉莊嚴。善淨業報之所造作。在如來前調琴。及餘八萬四千伎樂。其音普聞大千世界。隱蔽欲界諸天音樂。諸山藥草叢林。悉皆徧動。如人極醉。前卻顛倒。須彌峘峨。涌沒不定。一切凡聖。惟除菩薩不退轉者。大迦葉等一切聲聞。放捨威儀。誕貌逸樂。如小兒舞戲。不能自持。

㊁七應大蟒眾。

若摩呼羅伽。樂脫其倫我。於彼前。現摩呼羅伽身。而為說之斷癡法。令其成就。手鑑云。此云大腹。田蚊蝦蟆蟒蛇等類。皆此所攝。田蚊蟾

獝 休必切 驚飛也
狘 許月切 奔走也

蜍別名也什曰是地龍而腹行也淨名疏即世間廟神受人酒肉悉入蟒腹毀戒邪諂多瞋少施貪嗜酒肉戒緩墮鬼神多瞋蟲入其身而噬食之

(辰)二應人非人衆二 初應人衆 二應非人衆

(巳)今初

若諸衆生樂人修人 四依解此樂人修人即欣未心列於厭即人道中或厭故修新厭劣修勝此亦厭離心也前入部皆願出本倫求生人道即人道亦願不失人身何也蓋六道中唯人道能修無上正覺故裴公云鬼神沈幽愁之苦鳥獸懷獝狘之悲修羅方瞋諸天正樂可以整心慮趣菩提唯人道為能耳今於人中樂修人身故 我現人身而為說 精持五戒之 法令其成就也

(巳)二應非人衆

若諸非人。有形無形。有想無想。樂度其倫。我於彼等之前。皆現其身。而為說斷邪見之法。令其成就。四依解。此有形無形有想無想。統收五趣。無形。即攝無色界天。無想。即攝無想天等。形與無形。想與無想。地獄總該。餘則易知。或此偏於地獄。此人與地獄並前入部中四趣。共成六凡界也。長水曰。有形如休咎精明等。無形如空散消沈等。有想如神鬼精靈等。無想如精神化為土木金石等。皆非人也。此中無形難與現身。無想難與說法。此在如幻聞薰聞修金剛三昧圓通妙力。方能耳於無形中。現無形之形。於無想中。發無想之想。此類實尚益見菩薩妙力殊勝。不可思議。

⑤三結明功由三昧。

是名妙淨三十二應。入國土身。皆以三昧。聞熏聞修。無作妙力。自在成就。

文句隨類巧現故曰妙不染過患故曰淨稱性所起故曰無作妙力也

(子)二明十四無畏此與法華七難三毒二求義同幷其初文總答最後勸持名答共成十四然法華但明果上勝用此經兼顯從因尅果又法華雙明機應此經但明能應也分文為三初總明大用所起二別明施無畏相三結明福備眾生

(丑)今初

世尊我復以此聞熏聞修金剛三昧無作妙力與諸十方三世六道一切眾生同悲仰故蓋菩薩返聞自性遂得三慧圓

通而全證法界。則與眾生身心冥同一體。故眾生悲仰之心。攝入菩薩大悲心中。菩薩大悲之心。徧入眾生悲仰心中。凡聖體同。感應道交。故能

令諸遭苦難眾生。於我寂滅身心中。獲十四種無畏功德。

文句。悲能拔苦。故令獲無畏也。雖云六道。實該九界。

(丑)二別明施無畏相五。初總明脫苦無畏。二別明七難無畏。三別明三毒無畏。四別明二求無畏。五結明持名無畏。

(寅)今初。

按法華經云。無量眾生。受諸苦惱。聞是觀世音菩薩。一心稱名。觀世音菩薩即時觀其音聲。皆得解脫。實與此文互為表裏。今先正釋此文。後與法華會釋。此文云。

一者由我不自觀其音。

以觀能**觀者。**乃顯其從因尅果。從證起用之由致也。旋聞與聲脫。不復循聲流轉。故言不自觀音。反聞聞自性。故言以觀觀者。上觀字去聲呼之。即是觀智。下觀字平聲讀之。即耳根境。以耳根境名為觀者。正顯六根無二故也。

令彼十方。苦惱眾生。觀其音聲。謂觀其稱菩薩名之音聲也。眾生正稱菩薩名時。即須一心觀彼音聲。由能一心觀其音聲故。**即得解脫。**觀此音聲。有事有理。事一心者。歷歷分明。稱名不亂。理一心者。了知音聲性空。惟心所現。能稱所稱。體即法界。能所宛然。能所雙絕。若但有事一心。觀能脫事苦。若具有理一心。觀能脫理苦也。與法華會釋者。法華明言稱菩薩名。今文不說。法華觀其音聲意在於應。今文觀其音聲意在於機。設無前機。欲何所應。設無能應。何以接機。故知相表裏耳。又復應知法華是如來述此菩薩果上化他功德。意令眾生歸依得度。今文是菩薩自述始終修證體用。意令當機悟入圓通。得此意已。往釋下文。十三無畏。及四妙德。妙旨洽然。

(寅)二別明七難無畏。

二者知見旋復。知見之根屬火。此火既滅。何火能燒。是故果報大火。惡業大火。煩惱大火。悉不能燒。果報火。上至初禪。惡業火。通於三界。煩惱火。通於九界。以要言之。滅九界妄火。證佛界清涼。故令諸眾生。一心稱名者。即為大悲力所攝。設入大火。火不能燒。如入山陰。暑不能侵也。三者觀聽旋復。聞機屬水。此水既滅。何水能溺。果報水。上至二禪。惡業水。通於三界。煩惱水。通於九界。以要言之。滅九界妄水。登佛界彼岸。故令諸眾生。設為大水所漂。水不能溺也。四者斷滅妄想。心無殺害。妄想如鬼。此鬼既滅。何鬼能害。果報鬼。惟惱欲界。惡業鬼。通於三界。煩惱鬼。通於九界。以要言之。滅九界鬼倫。證佛界神力。故令諸眾生。不惟不致鬼來害已。即入諸鬼國。鬼亦不能為害也。五者熏彼妄聞成於聞性。六根皆悉銷復。同於聲聽之不相黏。夫妄根如刀。觸壞法界。此刀既銷。何刀能害。蓋果報刀。惟壞欲界。惡業刀。通於三界。煩惱刀。通於九界。以要言之。滅九大事理殺具。成佛界無緣之大慈。故能令衆生。臨當被害之時。刀尋段段壞。使其兵戈。猶如割水。不見其損。亦如吹光。性無搖動也。六者聞熏精明。明徧法界。則諸幽暗之性為明所破。不能自全。夫根塵為黑暗稠林。此暗既除。何暗不破。蓋果報暗。僅在人世。見思暗。通於三界。塵沙暗。通於二乘。無明暗。通於九界。以要言之。滅九界暗妄。證佛界真明。故能令衆生。藥义。此云輕捷鬼。羅剎。此云可畏鬼。鳩槃茶。此云魘魅鬼。及毗舍遮。此云噉精氣鬼。富單那。此云熱病鬼。等者。等於鬼類。受幽氣者。雖近其傍。目不能視。良以慧能治愚。明能破暗故也。七者所妄既立。明理不踰。以為枷鎖。令音性圓銷。觀聽返入。離諸塵妄。則此鎖既開。何鎖能禁。蓋果報鎖禁繫人畜。惡業鎖禁繫六凡煩惱鎖。禁繫三乘。以要言之。脫九界繫縛。開佛界關鍵。故**能令眾生。禁繫枷鎖。所不能著。八者**六塵為賊。劫奪家珍。今**滅音**塵之賊。**圓**成**聞**性。此賊既平。復有何賊能劫也。蓋果報賊劫奪人間。惡業賊。劫於三界。煩惱賊。劫於三乘。以要言之。降九界怨賊。**徧生**佛界**慈力。**由我成此妙應之本。故**能令眾生。**稱名得脫。**經過險路。賊不能劫。**

(寅)**三別明三毒無畏**

九者。二法相對。妄生貪染。名之為婬。欲界以男女相染而為貪欲。色無色界以味禪相染。而為貪欲。二乘貪染偏真涅槃。菩薩貪染六度萬行。亦復貪染但中佛性。今**熏**於**聞**根。永**離**前**塵。**則**色所不劫。**了知色性本即藏性。與諸聞性元無二性。不應以聞劫聞。以色劫色。是故更無能貪所貪。故**能令一切多婬眾生。遠離貪欲。十者。**二法相對。妄生違忤名之為瞋凡夫瞋於逆緣二乘厭惡三界菩薩輕鄙小乘亦復棄捨二邊今既達純是法性妙音無復塵相則根即是境境即是根稱性圓融無有能對及與所對是故更無一法為可瞋恚故能令一切忿恨眾生遠離諸瞋恚

十一者有明明覺失彼精了迷己為物認物為己名為癡暗凡夫不達諸法唯心本性空寂二乘不達諸法唯心假名無量菩薩不達諸法唯心體即中道今既銷落塵緣旋歸明性則法法唯心法法圓照故法界身心猶如琉璃朗徹無礙故能令一切昏鈍性障諸阿顛迦永離癡暗阿顛迦此云無善心不知心佛眾生三無差別不知性具緣了二善皆名為無善心此亦自行功成化他有本故令眾生念者離毒

（寅）四別明二求無畏

十二者融滅妄形而復還聞性則不動道場證諸法之實性故涉

入世間，不壞世界。由實智而起權智也。夫權智幹事，義之如男。故能徧十方供養微塵諸佛如來，各各佛邊稟承其法。為法王子。蓋供佛足福，稟法足慧，既為雨足之佛子，是故能令法界無子眾生，欲求男者，誕生福德智慧之男也。十三者六根圓通。見聞覺知，不能分隔，則成一圓融清淨寶覺，含十方界。照萬法之差別也。立大圓鏡，空如來藏。即權智而歸實智也。夫實智順理，義之如女，故能承順十方微塵如來秘密法門，受領無失。蓋承秘密，即坤儀柔德；受領無失，即閫門能事，所以能令法界無子眾生，欲求女者，誕生端正福德柔順眾人愛敬有相之女。文句：果報男女，惟在欲界。法門男女通於十界。惡法男女，此非所求。今約善法，以辨男女，復為六意：一約五戒，二約十善，三約四禪，四約二乘，五約菩薩，六約佛法。一約五戒者不殺是仁不盜是義此二屬定法表之以女不邪婬是禮不妄語是信不飲酒是智此三屬慧法表之以男若不得此男女失人天身墮諸惡趣窮苦孤獨今舍求五戒者戒得清淨即是誕生福德智慧男女也夫不婬不妄不飲一往說是慧法而慧必有定如男子雖尚智能亦必具於福德不殺不盜一往說是定法而定必有慧如女子雖尚福相亦必具於端正端正即是慧無邪醜由福德故人愛之由端正故人敬之也二約十善者不殺不盜屬女不婬及口四意二屬男餘如上說三約四禪者且約五法修於初禪及初禪所證五支言之修五法中樂欲精進及慧三屬男念及一心二屬女證五支中覺觀喜三支為男樂一心二支為女餘如上說四約二乘者出世禪定為女出世觀慧為男若不得此男女即當墮落三界飄零孤露餘如上說五約菩薩者藏教事度以前五度為女般若為男通教以入空斷惑為男出假慈悲為女別教以功德莊嚴為女智慧莊嚴為男六約佛法者即實智之權智為男即權智之實智為女若不得此男女不能究竟自利利他今大士自既男女具足亦舍眾生得具足也

㊢五結明持名無畏

十四者．此三千大千世界．百億日月．現住世間．諸法王子．有六十二億恒河沙數．修法垂範．教化眾生．隨順眾生之方便智慧．各各不同．由我所得圓通本根．乃是發妙悟於耳門．然後身心一切微妙含容．周徧法界．能令眾生．持我名號之福德與彼共持六十二億恒河沙諸法王子名號之福德如是二人所獲福德．正等無異．世尊．我一名號．與彼眾多名號無異．由我修習得真圓通．

文句．名號祇是音聲．音聲即是如來藏性．未達藏性．妄存一多情計．既達藏性則一亦法界．多亦法

界一不為少多不為多良由聞性圓明不由聲塵而起知見故也由我修習得真圓通者正逗阿難及此方之機故名為真非謂二十四聖有未真也

(丑)三結明福備眾生

是名十四施無畏力福備眾生

文句諸畏既滅淨福自成拔九界畏成佛界福徧於十方亘於三際故名為備也

(子)三明四不思議無作妙德二初總明大用所起

二別明不思議相 (丑)今初

世尊我又獲是圓通修證無上道故又能善獲四不

思議無作妙德。

㊀丑 二別明不思議相四。初現容不思議。二說呪不思議。三受供不思議。四興供不思議。㊀寅 今初

此雖容呪並說。而結歸在現容也。

一者由我初獲妙妙聞心。初妙字是妙諦。次妙字是妙境。妙諦約性。通於諸法。妙境從機。獨在耳根。以此方眾生耳根最利。易顯圓通常性故也。心精遺聞見聞覺知。不能分隔成一圓融清淨寶覺。故我能現眾多妙容。能說無邊秘密神呪。其中或現一首。三首。五首。七首。九首。十一首。如是乃至一百八首千首。萬首。八萬四千爍迦羅首。爍迦羅。此云堅固。表法身德也。二臂。四臂。六臂。八臂。十臂。十二臂。十四。十六。十八。二十。

至二十四。如是乃至一百八臂。千臂。萬臂。八萬四千母陀羅臂。母陀羅。此云印手。表於方便解脫德也。二目。三目。四目。九目。如是乃至一百八目。千目。萬目。八萬四千清淨寶目。表於實慧般若德也。各言八萬四千者。意顯眾生迷本覺性。具足八萬四千塵勞煩惱。即此煩惱業果。一一無非三德秘藏。或慈或威或定或慧救護眾生。得大自在。

㊁二說呪不思議

此方容呪並說。而結歸在誦呪也。

二者由我從聞思修。脫出六塵。如聲度垣。不能為礙。故我妙能現一一形。即指前文首臂目等。誦一一呪。具如不空羂索經等。其形。其呪。能以無畏施諸眾生。是故十方微塵國土。皆名我為施無畏者。

㊅ 三受供不思議

三者由我修習本妙圓通清淨本根。故於所遊世界。即實報方便同居諸土皆令九界眾生。捨身珍寶。雲興供養。以求我哀愍。

良由不受諸受。故能無所不受也。

㊅ 四與供不思議

四者我得佛心。證於究竟。能以珍寶種種供養十方如來。傍及法界六道眾生。求妻得妻。求子得子。求三昧得三昧。求長壽得長壽。如是乃至求大涅槃得大涅槃。

文句。不惟供十方佛。亦供法界眾生。無所不徧。良由圓滿菩提。歸無所得。故能無所不得。

㊀壬 二牒證結答

佛問圓通。我從耳門圓照三昧。緣心自在。因入（聞性真）流。（亡塵諸）相。得三摩提。成就菩提。斯為第一。世尊。彼佛如來。歎我善得圓通法門。於大會中。授記我為觀世音號。由我觀聽十方圓明。故觀音名徧十方界。

文句。緣心自在等者。不誤認緣心聽法。則能因指見月。親見法性。從此遂入圓通常法。而成三昧也。

第三眾聖各說證門竟。

㊀庚 四放光現瑞總印

爾時世尊。於師子座。從其五體。同放寶光。表根根塵塵皆是一圓通法門也。遠灌十方微塵如來。及法王子諸菩薩頂。表一一圓通。皆是無上大佛頂法。如來以之為密因。菩薩依之修萬行者也。彼諸如來。亦於五體同放寶光。表佛佛道同也。從微塵方。來灌佛頂。幷灌會中諸大菩薩。及阿羅漢。表於因果一致。二十五聖同證大佛頂法。實無優劣也。林木池沼。皆演法音。表有情無情。同一圓通性也。交光相羅。如寶絲網。表一一圓通法門。各各互徧互攝。一切圓通法門也。是諸大眾。得未曾有。一切普獲金剛三昧。悟十八界七大皆如來藏妙真如性。性不可壞也。即時天雨百寶蓮華。青黃赤白。四色蓮華。以表住行向地四十妙因也。間錯紛糅。表諸大眾圓悟藏性。以為真因。故得因該果海。果徹因源。一位圓具一切諸位之功德也。十方虛空成七寶色，表虛空頑暗之情執消殞，而七大妙性，一一周徧法界也。此娑婆界，大地山河，俱時不現，表翳病得除，狂勞顛倒華相皆滅也。唯見十方微塵國土，合成一界，表性真圓融，惟一常寂光土也。梵唄詠歌，自然敷奏，表寂光真土之中，具足無量稱性法樂也。幽溪云。一本尊放光瑞，二諸佛放光瑞，為自他交互對。三無情演法瑞，四寶光交羅瑞，為依正圓融對，五眾會獲益瑞，六天雨四華瑞，為法位相應對，七空成寶色瑞，八大地不現瑞，為空界俱銷對，九國土合一瑞，十梵唄敷奏瑞，為法報冥同對。

(庚)五佛敕文殊簡擇三。初佛敕文殊，二受命簡擇，三時眾獲益。(辛)今初

於是如來告文殊師利法王子，汝今觀此二十五無學諸大菩薩及阿羅漢，各說最初下手工夫，因茲得成道果之

方便皆言修習真實圓通彼等所修之行實無優劣
前後差別我今欲令阿難開悟二十五行以誰行當
其此方之根兼我滅後此界眾生欲入菩薩乘求無上
道者從何方便門得易成就
文句敕簡選者以前文但云得循圓根與不圓根
曰劫相倍然未的指何根最圓故須選也然如來
不自指示而敕文殊大旨有二一者若依果位中
論則法法皆妙實無可選今之選根本為初機文
殊正是初機導師如華嚴以文殊為幼男始則先
說名號四諦以開圓信後則指示善財徧參知識

皆其事也。二者文殊即表眾生根本實智。今明欲入圓通。須是自己決擇。譬如圓覺二十五輪。教諸末世。依鬮取決。如來終不強以一法偏授人也。彼等修行。實無優劣。前後差別者。正顯說無可簡法亦無可簡也。聖則迹有權實。本皆大士。法則三科七大。無非藏性故也。我今欲令阿難等者。正顯簡機不簡聖。簡情不簡法也。言阿難則不必人人皆爾。言此界則不必十方盡然。但以約機宜。則所習有生熟。約迷情。則諸根有利鈍。故須簡耳。

(辛)二受命簡擇二。初敘儀。二正說。(壬)今初文殊師利法王子。奉佛慈旨。即從座起。頂禮佛足。承佛威神。說偈對佛。

（壬）二正說二。初頌真如不變之體。以標真源。二頌真如隨緣之能。以明染淨。（癸）今初

將明隨染淨緣。以成迷悟。先頌不變之體者。正如前文將破明不明之兩關。先標性覺妙明本覺明妙。又如將破有為無為二者本覺之性。非覺非迷。以法先標真性二字也。

覺其法爾靈知。強名為覺也。**海**者喻也。覺性豎窮橫徧。本無一物可喻。姑以大海深廣喻之。**性澄圓**。寂而常照。即所謂性覺妙明也。**圓澄覺元妙**。照而常寂。即所謂本覺明妙也。須知此不變體。即在隨緣之中。正隨緣時。全體不變。即指吾人現前一念介爾之心。一任昏迷倒惑。而妙明明妙。性無變壞。本自豎窮橫徧也。是故直指人心。見性成佛。正是指此現前一念介爾之心。全真在妄。全妄即真。若捨卻現前一念。別指空劫已

前則真時無妄，妄時無真，真則本有今無，今無後有，妄則本無今有，今有後無，其為戲論甚矣。

(癸)二頌真如隨緣之能以明染淨二，初頌隨染緣從源出流，二頌隨淨緣從流遡源。(子)今初

元明照生所，即所謂妄為明覺，因明立所也。所立照性亡。言既生妄所，遂失真性也。迷妄有虛空，所謂晦昧為空也。依空立世界，想澄成國土。即所謂結暗為色，亦所謂起為世界，靜成虛空，虛空為同，世界為異也。知覺乃眾生。即所謂色雜妄想，想相為身也。

(子)二頌隨淨緣從流遡源二，初總顯滅妄歸真二別明歸真方便。(丑)今初

此言現前一念大覺之心，本自豎窮橫徧，亦無橫豎之相可得，秖由認悟中迷，方乃晦昧大覺之體，而為

十方虛空。是故虛空情量生。於大覺心中。不過如大海之中一漚發現而已。至於十方有漏微塵國土。又皆依頑空妄想建立。假說依空所生。則知十方依正。豈離我現前一念心性。是故若能直觀心性。俾此虛妄無明漚滅。則虛空情量元自本無。況復空中諸三有國土眾生而豈有哉。

（丑）二別顯歸真方便二。初總示方便須擇。二正為選方便門。

（寅）今初

夫一性一切性。一切性一性。根塵識大。皆如來藏。如來藏中。性性具根塵識大。周徧圓融。不可思議。既歸此元則其性決定無二。不可謂觀音獨勝。諸聖或劣也。方者。法也。便者。宜也。約法約宜。則有多門。略說所觀之境。有二十五。就彼一十五境之中。復各有權實一十六門。通於藏性也。聖性無不通。順逆皆方便。此明聖之與法。皆不可簡也。於此二十五境。或用順觀。或用逆觀。皆成巧妙方便。如陳那於聲悟諦。則是順觀。沙陀厭離不淨。則是逆觀。那律樂見照明。因逆成順。順特迦調息治愚。因順成逆。舍利心見清淨。亦是順觀。艶喜觀鼻端白。亦是逆治。火頭觀諸煖氣。復是順觀。持地當平心地。復是逆觀。善乃至一一境中。皆得論於順逆二種方便。不可泥文而失旨也。

初心入三昧。遲速不同倫。

此明機之與情皆不可不簡也。約當機則夙習各有所宜。而阿難多聞士必以從聞思修為宜。約迷情則諸根必有利鈍。而此土諸眾生多分耳門入道為易也。

(寅)二正為選方便門。二。初簡非。二顯是。

(卯)初中四。初簡六塵。二簡五根。三簡六識。四簡七大。

(辰)今初

此下簡於二十四境。不惟非是簡聖。亦復非是簡法。直就初心夾帶迷情習氣而簡之也。蓋二十四境。雖復一一皆如來藏。而無明未破。根中積生無始虛習猶存。豈能直下徹見藏性。是故所觀之境。不得不詳擇而簡選耳言初心若欲觀於色塵則色依妄想而結成塵精了之體為色障礙不能明徹如何以此不明徹法而欲於是獲圓通之證頓同彼沙陀之妙色密圓耶音聲雜猶兼也語言但伊惟也是也名句味以此一法非能含容一切法云何初心可獲圓通之證頓同彼陳如之妙音密圓耶香以合中取境方有知覺設離則知覺元無所有故不恒有其所覺云何初心可獲圓通之證頓同彼香嚴之妙香密圓耶知味之性非本恒然離則無分別矣要以嘗味之時而後有之合離不一其覺亦不恒一云何初心可獲圓通之證頓同彼藥王藥上之本迹俱圓耶觸必以所觸而明若無所不能明其觸之性覺合離性非定云何初心可獲圓通之證頓同彼跋陀婆羅之妙觸宣明耶法稱

為內塵憑塵必有其所能所相對則非徧涉云何初心可獲圓通之證頓同彼摩訶迦葉之妙法開明耶

(長)二簡五根

見性雖亦洞然但明前而不明後且四維又虧一半云何初心可獲圓通之證頓同彼阿那律陀之樂見照明耶鼻息出入雖通現前無有中交之氣是則支離閒斷匪相涉入云何初心可獲圓通之證頓同彼周利槃特迦之反息循空耶舌非領入滋味便無端倪必因味塵而生覺了若味亡時覺了即無所有云何初心可獲圓通之證頓同彼憍梵鉢提之還味旋知耶身知因觸顯發與所觸同合時方知離時不覺各非圓融之覺觀其涯際分量不能冥會云何初心可

獲圓通之證。頓同彼畢陵伽婆蹉之純覺遺身耶。知根夾雜於意識之亂思。已成渾濁。則湛了之性。終無能見。想念既不可脫。云何初心可獲圓通之證。頓同彼須菩提之旋法歸無耶。

㊁辰 三簡六識

識見。即眼識也。必須根境相雜。三緣和合。妄有。若詰其本。則四性無生。故稱非有體相。之識自體先無定相。云何初心觀之。便能同彼舍利弗之心見發光。而獲圓通耶。心聞。即耳識也。洞十方。此生於大行之因力。非初心所能辦。故曰初心不能入。云何初心觀之。便能同普賢之心聞發明。而獲圓通耶。鼻端白想。本屬權機。祇令散亂多者。得以攝心而住。倘不能如難陀之息久發明。則有住。反成心之所住。而墮虛妄。云何獲明圓滅漏之圓通耶說法播弄音文但能開悟夙根先已成就如滿慈者倘夙根未熟但耽著於名句便非無漏法性云何降伏魔怨消滅諸漏而獲圓通耶初心持戒不犯但能檢束其身非身則無所束元非徧於一切云何得如波離之身心一切通利而獲圓通耶彼目連之神通本其宿因何關初心之人以意識緣法分別而得成就若初心念於法緣非能離物云何獲心光發宣之圓通耶

㊉辰四簡七大

若初心以地性觀堅礙非通達有為之法非是聖性云何如持地菩薩而獲圓通耶若初心以水性觀但是想念所成而非真實如如之性非屬覺觀云何如月光童子而獲圓通耶若初心以

火性觀。但是厭有非是真性本離之理。非初心因與果合之妙方便。云何如火頭金剛而獲圓通耶。若初心以風性觀。有動則有寂。非無對法。對即非無上覺。云何如琉璃光而獲圓通耶。若初心以空性觀。空因背覺而成晦昧。故曰昏鈍。先非覺無覺。則異菩提。云何如虛空藏而獲圓通耶。若初心以識性觀。所觀之識帶生滅而非常住。所存觀心亦乃虛妄。云何如彌勒而獲圓通耶。諸行是無常。言初心若依根大念佛。既未拔除結根。則六根祇屬有為。諸行體是無常。而能念之性亦元生滅。此則生滅為因。難感不生滅之果。故今名之曰殊感也。云何如勢至而獲圓通耶。

㊁卯二顯是七。初泛明此土入道所宜。二的明離苦

得樂人法，三正明觀音所修法門，四誨敕當機諦聽學行，五歎美法勝以寓勸修，六述成佛意結示簡選，七頂禮請加以明真實。㊉辰 今初

我今白世尊佛出娑婆界此方真教體清淨在音聞，欲取三摩提實以聞中入，

文句，娑婆此云堪忍，三千世界之總名也，他方佛土諸根利鈍各有不同，隨其機宜，六塵並為教體，此方偏用三塵，若黃卷赤牘，則色塵為教體，聞法得悟，則音聲為教體，歷法觀察，則法塵為教體，今約佛世聞音獲證者多，兼以末世亦從語言指示

得悟者衆。故云此方眞教體。清淨在音聞也。

(辰)二的明離苦得樂人法

離九界五濁之苦。得佛界法性五陰眞解脫樂。此自利成就也。良哉觀世音。於恒沙劫中。則竪窮三際。入微塵佛國。則橫徧十方。得大自在力。無畏施衆生。此利他成就也。悟一切音皆如來藏。所謂隨緣不變。名爲妙音。悟如來藏。性音眞空。性空眞音。清淨本然。周徧法界。隨衆生心。應所知量。循業發現。故有十界依正音聲差別。所謂不變隨緣。名觀世音。此二亦約自行也。所說妙法。契理清淨。名爲梵音。所說妙法。善應羣機。不失其時。名海潮音。此二亦約化他也。救世悉安寧。結成利他功德也。出世獲常住。結成自利功德也。

(辰)三正明觀音所修法門

我今啟如來。如觀音所說。譬如人靜居。十方俱擊鼓。十處一時聞。此則圓真實。目非觀障外。口鼻亦復然。此句宜在下。身以合方知。此句宜在上。心念紛無緒。隔垣聽音響。遐邇俱可聞。五根所不齊。是則通真實。音聲性動靜。聞中為有無。無聲號無聞。非實聞無性。聲無既無滅。聲有亦非生。生滅二圓離。是則常真實。縱令在夢想。不為不思而無。蓋以聞性之體用。不涉覺觀出於思惟之表故。身心不能及也。

文句。此言初心之人。即可從耳門悟圓通常三德。所以的被羣機也。如觀音所說者。言觀音所說耳根法爾具此圓通常三真實義非必觀音口自說也譬如者舉例之辭非是設喻直就現量為論非是比量正所謂昏迷倒惑其理自存者也圓則量無不周是般若德通則具無礙用是解脫德常則體性不變是法身德又三德皆圓皆通皆常具如前釋

㊁辰 四誨敎當機諦聽學行又三初示其合機二勸其善修三結其眞實 ㊁巳 今初

今此娑婆國聲論即教也長水疏通明此方由聲教入聲名句文能詮法義眾生由此聞而解了故曰得宣明也眾生迷本有聞性循聲故流轉阿

畜 積也

難縱强記，不免落邪思，豈非隨所淪，旋流獲無妄。文句，妄謂緣心聽法，即是邪思，以緣心但是所聽法音影子，決非真能聽法之本聞故也，豈非隨妄所而沈淪，若能旋流而悟其本聞，則便獲無妄矣。

(巳)二勸其善修

阿難，汝諦聽，我承佛威力，宣說金剛王，破一切惑，名金剛王般若德也，立一切法名為如幻，解脫德也，破立同時，名不思議，法身德也，一切諸佛皆從此三昧出，故名佛母真三昧，汝聞微塵佛，一切秘密門，欲漏不先除，畜聞成過誤。六根攀緣六塵，總名欲漏，今以耳緣法音，即是欲漏，以此聞為能畜，以彼音為所畜，能所相黏，翻成過誤，是故將此聞根，以持佛之所說佛法，何不自反聞其聞性乎。夫聞根非自然生。乃因聲而有名字。若旋其聞機與聲塵脫。既能脫彼聲塵。更欲以誰名聞根耶。此一耳根既返其源。則六根皆成解脫。由此見聞諸根。皆如幻翳。三界塵相。總若空華。聞性既復。翳根已除。塵相全銷。覺體圓淨矣。若諸塵淨極。則心光獨露。通達無礙。寂而常照。包含虛空。自性圓明。卻來回觀世間。猶如夢中事耳。摩登伽在夢。誰能留汝形。歸宗曰。圓覺云。如器中鍠。聲出於外。形隨心轉。心既超越。形影何留。故以在夢之登伽。豈能留汝已寤之阿難乎。如世巧幻師。喻無明幻力也。幻作諸男女。由幻師手中線動。則見幻人口眼亦動也。雖見諸根動。要以一機抽。若一機線之線索不抽動。則幻人諸根亦不動矣。蓋喻一精明。黏妄發光也。息所抽之機。歸於寂然諸幻成無性。一機既寂。則六用旋復。本無自性耳。六根亦如是。元依一精明。即識精元明也。分成六和合。一處成休復。六用皆不成。想塵識垢應念銷亡得成圓明淨妙矣。圓明是般若。淨是解脫。妙是法身。餘塵未盡者。尚在諸學之位。餘塵指微細無明也。明相精純。至極。即是如來。指妙覺極果也。

㊀三結其真實

大衆及阿難。夫真實圓通。別無他法。但旋轉汝循聲顛倒聞機之妄。反而聞此聞之自性。但得見性。即成無上道。則此根為圓通極則實乃如是。

㊁五歎美法勝以寓勸修

此耳根圓通是微塵諸佛一條出二死之大路。入涅槃三德之要門。過去諸如來。從斯門而入。已成就妙覺之果。現在諸菩薩。亦由此門今各證入圓明。未來修學人。必當依如是法門而入。我亦從中證。非唯觀世音也。

文句。須知此中含有二義。一約初機一門深入。則耳根圓通。不但觀音為然。十方三世從此耳門入道者。誠復衆多。此則單就此一法門。亦自豎窮橫徧也。二約究竟圓通常性。則耳根圓通。即是二十五種圓通。其餘一切圓通。乃至十方三世種種法門。皆可名為耳根圓通。此則一門一切門。一切門一門故云一路涅槃門也。不達此旨。謂二十四聖尚在門外可乎。謂二十四聖更有歧路可乎。

(辰)六述成佛意結示簡選

誠如佛世尊。詢(問)我(簡)諸方便。以救諸末劫。求出世間人。成就涅槃心。觀世音為最。自餘諸方便皆是佛威神。(使其)即事(以)捨塵勞。非是(此方眾生)長(時)修學。淺深同說(之法也)。

文句。即事捨塵勞。猶所云就路還家也。餘門圓通深位方達。淺位不知。但能被於一種夙根成就之人。不能三根普被。惟此耳根圓通。普被三根。而妙尤在巧被下根也。

(辰)七頂禮請加以明真實

頂禮如來藏。指自性清淨之理體也。無漏不思議。指究竟圓證之智果也。理名法寶。智名佛。僧即是一體三寶義也。願加被末來。於此耳門分明無惑。惟此方便最易成就。堪以此法門教授阿難。及末劫沈淪眾生。但以此根修。則證速圓通。實超諸餘方便者。蓋真實心要。不過如是也。

(辛)三時眾獲益

於是阿難。及諸大眾。身心了然。得大開示。觀佛菩提。及大涅槃。猶如有人。因事遠遊。未得歸還。明了其家。

所歸道路、普會大衆、天龍八部、有學二乘、及諸一切新發心菩薩、其數凡有十恒河沙、皆得本心、遠塵離垢、獲法眼淨、性比丘尼、聞說偈已、成阿羅漢、無量衆生、皆發無等等阿耨多羅三藐三菩提心

文句、現前一念聞性、本圓本通、本常、圓即實智菩提、通即方便菩提、常即真性菩提、圓即圓淨涅槃、通即方便淨涅槃、常即性淨涅槃、則有理即菩提涅槃、乃至究竟菩提涅槃、即而常六、故言未得歸還、六而常即、則步步踏著故鄉道路矣、得本心者、達此現前一念之本體也、遠想相之妄塵、離識情

之虛垢。故云獲法眼淨。此是如來正法眼藏。非次第五眼中之法眼也。性尼聞偈成阿羅漢。所謂於大教中得小益。正為菩薩。傍為二乘。部在方等明矣。發無等等心者。無法可等此心。心能等一切法。此則創聞圓理。或是觀行發心。或是名字發心也。

初為當機示圓通本根竟。

(丙)二為末世示道場方法 三。初陳請。二讚許。三宣說。 (丁)今初

阿難整衣服。於大眾中。合掌頂禮。心迹圓明。悲欣交集。欲益未來諸眾生故。稽首白佛。大悲世尊。我今已

悟成佛法門。是中修行，得無疑惑。常聞如來說如是言：自未得度先度人者，菩薩發心；自覺已圓能覺他者，如來應世。我雖未度，願度末劫一切眾生。世尊，此諸眾生，去佛漸遠，邪師說法如恒河沙，欲攝其心入三摩地，云何令其安立道場，遠諸魔事，於菩提心，得無退屈。

文句：幽溪云：心者，涅槃妙心；迹者，所明道路。吳興云：悲者，悲昔不聞；欣者，欣今得悟。又念未來眾生未悟故悲，觀現前大眾得益故欣。

(丁)二讚許

爾時世尊於大眾中。稱讚阿難。善哉善哉。如汝所問。安立道場。救護眾生。末劫沉溺。汝今諦聽。當為汝說。阿難大眾。唯然奉教。

文句。下逗末劫修道之機。上合如來欲說之旨。故再稱善也。

(丁)三宣說二。初明根本戒法。二明誦咒治習。

(戊)初中二。初總顯三學以戒為本。二別示四重以彰無漏。　(己)今初

佛告阿難。汝常聞我毘奈耶中。宣說修行三決定義。所謂攝心為戒。因戒生定。因定發慧。是則名為三無

漏學。

文句。毘奈耶。亦云毘尼。即律藏也。攝心為戒者。為字。訓作由字。言欲攝其心。必由持戒也。若非以戒攝心。何由甄別邪正。又必攝心方可名戒。正顯持犯不但束身而已。由此波羅提木叉戒以攝其心然後生定發慧。斯則名為三無漏學。若無此戒。縱有禪定多智現前。必落魔邪。成有漏矣。問曰。攝心為戒。攝真心耶。攝妄心耶。若攝妄心。妄本無體。云何可攝。若攝真心。真何用攝。又戒法雖一。歷四教觀慧。則有四別。未審如何攝心。方成圓戒。若云戒即無漏。則凡夫持戒。報在人天者。亦可稱無漏否。若成有漏。還得名淨戒否。答曰。真心妄心。元非二體。隨染緣則全真成妄。如水成冰。隨淨緣則全妄歸真。如冰成水。剋論迷真起妄。祇因妄為明覺。所謂知見立知。過在立字。亦即自心取自心之取字。認悟中迷之認字。剋論反妄歸真。祇貴不隨分別三種相續。所謂知見無見。功在無字。亦即不取無非幻之不取二字。棄生滅守真常之守字。脫黏內伏之伏字。皆與今攝字同也。故知不攝則真心便為妄心。能攝則妄心便成真心。而攝心妙法。無過於戒念念與妙戒相應則名為攝非謂戒有方隅攝是束縛也如下文云必使婬機身心俱斷斷性亦無夫身斷律儀戒也心斷定共戒也斷性亦無道共戒也又身心俱斷故不住生死斷性亦無故不住涅槃又身斷故出生死真諦戒也心斷故遊戲神通俗諦戒也斷性亦無達殺盜婬妄等性即是佛性無復可斷中道第一義諦戒也經文又云衆生不識本心不得真淨皆由隨順殺盜婬故反此三種又則出生無殺盜婬有名鬼倫無名天趣有無相傾起輪迴性若得妙發三摩提者則妙常

寂有無二無無二亦滅正與此中身心俱斷斷性亦無義同如此方名淨戒方可稱為攝心方是無漏之學彼以戒善感人天者喻如摩尼博貿一衣一食非法有優劣也故今欲攝心者先備明戒法以為其境次深明觀慧以成其功則庶幾近之矣

(巳)二別示四重以彰無漏二初牒徵二詳示

(庚)今初

阿難云何攝心我名為戒

文句言云何善攝其心與身口一齊清淨我方名為戒耶此正總顯非戒決不能攝心非攝心亦決

不名戒也。

（庚）二詳示四。初婬戒。二殺戒。三盜戒。四大妄語戒。

此即比丘四重戒法。乃大小乘之根本也。

（辛）初婬戒生死根本。欲為第一。故首陳之

若諸世界。六道眾生。其心不婬。則不隨其生死相續。

汝修三昧。本出塵勞。婬心不除。塵不可出。縱有多智禪定現前。如不斷婬。必落魔道。上品魔王。中品魔民。下品魔女。彼等諸魔。亦有徒眾。各各自謂成無上道。

長水疏。魔不斷婬。初修禪定。魔定順惑。易得成就。功深者為上品。功淺者為中下。雖不斷欲。而修定得福。隨福優劣。故成三品。以邪定力。故得五通。以有漏福。生天魔界。隨得少定。不辨邪正。各各自謂成無上道。

我滅度後末法之中多此魔民熾盛世間廣行貪婬為善知識令諸眾生落愛見坑失菩提路（長水疏末世眾生無正法眼多被魔惑廣行貪婬假稱善友誘化無識失正遺苦）汝教世人修三摩地先斷心婬是名如來先佛世尊第一決定清淨明誨是故阿難若不斷婬修禪定者如蒸砂石欲其成飯經百千劫秖名熱砂何以故此非飯本砂石成故汝以婬身求佛妙果縱得妙悟皆是婬根根本成婬輪轉三途必不能出如來涅槃何路修證必使婬機身心俱斷斷性亦無於佛菩提斯可希冀如我此說名為佛說不如此說即波旬說

文句此言不但執身不婬須是心亦不婬也縱有多智禪定尚為魔侶況無定慧直墜何疑魔侶為善知識亦復現慈悲相而不斷婬心則落愛坑妄謂婬不障道則落見坑既墮深坑永違覺路矣夫婬心為生死根本決不與佛果相應如砂石決非飯本禪定熏修喻之以蒸不生不滅為本修因然後圓成果地修證喻如蒸米成飯別成魔家邪福喻如蒸砂成熟耳身斷者木叉戒也心斷者禪戒也斷性亦無者無漏戒也此入空意也身斷者律儀及定共也心斷者道共也斷性亦無者涉境而

不染也．此出假意也．身斷者．證無漏也．心斷者．涉境不染也．斷性亦無者．斷不斷俱寂滅也．此中道意也．曰婬機者．如前偈云．雖見諸根動．要以一機抽．若未息機．縱能伏斷煩惱．不曾永除幻本．故須直向機字覷破．則斷與不斷．二俱寂滅矣．

㊇ 二殺戒

阿難．又諸世界．六道眾生．其心不殺．則不隨其生死相續．汝修三昧．本出塵勞．殺心不除．塵不可出．縱有多智．禪定現前．如不斷殺．必落神道．上品之人．為大力鬼．中品則為飛行夜叉．諸鬼帥等．下品當為地行羅剎彼諸鬼神亦有徒眾各各自謂成無上道（長水疏帶殺修禪報為神道功深福厚為大力鬼即五嶽四瀆係祠祀者功淺福劣列在中下八部所管及大海邊羅剎國類因修定故皆有業通迅疾無礙不斷殺故受此惡趣為天驅役若不修禪及不修福但行殺害直入地獄無此差降）我滅度後末法之中多此鬼神熾盛世間自言食肉得菩提路（長水疏殺生食肉是眾生究如何不斷得菩提路）阿難我令比丘食五淨肉此肉皆我神力化生本無命根汝婆羅門地多蒸濕加以砂石草菜不生我以大悲神力所加因大慈悲假名為肉汝得其味奈何如來滅度之後食眾生肉（應名惡人輩豈得）名為釋子汝等當知是食肉人縱得心開（能見遠方能知過未）似三摩地皆大羅剎

蹋 徒合切音沓說文踐也履也

毳 此芮切音脆獸細毛也

報終必沈生死苦海非佛弟子如是之人相殺相吞酧償寃對相食長劫而未已云何是人得出三界汝教世人修三摩地次斷殺生是名如來先佛世尊第二決定清淨明誨是故阿難若不斷殺修禪定者譬如有人自塞其耳高聲大叫求人不聞此等名為欲隱彌露清淨比丘及諸菩薩於岐路行不蹋生草况以手拔此乃菩薩仁及草木云何大悲取諸眾生血肉充食若諸比丘不服東方絲緜絹帛及是此土靴履裘毳乳酪醍醐如是比丘於世真脫酬還宿債不遊三界何以故服其身分皆為彼緣如人食其地中百穀物理論云糧者黍稷之總

名稻者粳糯之總名穀者眾豆之總名三穀各二十合六十疏果之實各二十合為百穀足不離地必使身心於諸眾生若身身分身心二塗不服不食我說是人真解脫者如我此說名為佛說不如此說即波旬說

文句此言非但執身不殺須是心亦不殺也五淨肉者不見殺不聞殺不疑為己殺自死鳥殘也檇李曰又除人蛇象馬驢狗獅子狐猪獼猴十種之外蓋此十種縱不見不聞而殺亦不可食也五天竺國悉號為婆羅門是尊姓故問曰佛既具足神力何不化作草菜而乃化作五淨肉耶答曰佛順時宜不立異故此地既本不生草菜而今忽生

則人將以為怪。又復如來滅後。設遇草菜不生。又將奈何。是故佛及比丘。遇世饑荒。目連請願番取地味。及取北洲自然粳等。佛皆不許。而云後世無目連時。又將奈何。當知佛法可傳可繼。為若此也。妄謂殺生食肉無有罪報。如自塞其耳。殺彼生命。如高聲大叫。求其不聞。不可得也。修禪欲出生死。故名欲隱。殺生連仇結禍。故名彌露。服有二種。一者衣服。二者服食。絲絹縣帛。靴履裘毳衣服之服也。乳酪醍醐。服食之服也。然此中雖一概遮止。而准諸經律論不無分別。若絲綿絹帛。大小二乘並皆嚴禁。以其由此害多命故。若靴履裘毳。小乘一向聽許。大乘亦不全遮。以其非專為此而害命故。若乳酪醍醐。大小並許。乃至大涅槃經。仍復開聽。此經亦云汝常二時。眾中持鉢。其間或遇乳酪醍醐。名為上味。後文壇場儀式。又仍用此供高三寶。以其但分餘潤。不害命故。今云不服。則是充類至盡之意。言能不服。則彌善耳。如人食其地中等者。劫初之人。身能飛行。由食地味。及自然粳。足不離地。以喻服彼眾生身分。不能永離眾生之種類也。身者。血肉之類。身分者。皮毛等物。身既不服其身分不食其身肉心又永無貪求服食之想豈非真解脱者問曰小乘求出生死何故反許五淨及靴履等大乘度生為務何反嚴遮答曰小乘但求自度止須不造殺業不障出世足矣喻如舉家遠逃之人則小債可弗償也大乘須在三界廣化眾生喻如鄉國大姓長者設有分毫負人便有慚色不能自在設化矣行菩薩道者思之

(辛) 三盜戒

阿難又復世界六道眾生其心不偷則不隨其生死相續汝修三昧本出塵勞偷心不除塵不可出縱有

詃古犬切音眩誘也詐也

多智禪定現前如不斷偷必落邪道上品精靈中品妖魅下品邪人諸魅所著彼等羣邪亦有徒眾各各自謂成無上道長水疏禪智雖現貪盜不除縱亡婬殺亦落邪道精靈妖魅及諸邪人皆能惑亂令眾歸附不惜衣食盡命供給若不修禪直入地獄 我滅度後末法之中多此妖邪熾盛世間潛匿姦欺稱善知識各自以妖言謂已得上人法詃惑無識恐令失心所過之處其家耗散長水疏奸欺盈抱潛護如瀉詐偽充懷隱藏若拙苟求不與之利詃惑無識之人猛熾其貪顯異其語令彼愚者驚恐喪心頓棄家財仍遭王難 我教比丘循方乞食令其捨貪成菩提道諸比丘等不自熟食寄於殘生旅泊三界示一往還去已無返云何賊人假我衣服以佛法為

禆府移切音卑韻會時也

取利之具，即是禆附販賣如來正法，貪其供養，造種種惡業，皆言佛法。應爾卻非毀出家具戒比丘，以為是小乘道，由是疑誤無量眾生，墮無間獄。若我滅後，其有比丘，發心決定修三摩地，能於如來形像之前，身然一燈，燒一指節，及於身上爇一香炷，我說是人，無始宿債，一時酬畢，長揖世間，永脫諸漏，雖未即明無上覺路，是人於法，已決定心。若不為此捨身微因，縱成無為，必還生人，酬其宿債，如我馬麥，正等無異。馬麥緣起者，佛言過去世時，有比婆葉如來，在槃頭摩跋城中，與大比丘眾俱，有槃頭王與諸臣民請佛供養，及比丘僧，佛默然許之。王還具饌已畢，即執香爐，啟曰：唯願屈尊，來受我供。佛敕大眾往詣王宮，食畢，各還，時為病比丘取食而歸。爾時

卮　章移切，音支。說文圓器也。

城中有婆羅門教五百童子佛從婆羅門所過時婆羅門見食香美便起妬意此髡沙門正應食馬麥不應食甘饌亦教童子言此等師主皆食馬麥時婆羅門者即我身是五百童子者五百羅漢是我時言他食馬麥故受諸苦報今雖得佛由此殘緣我及衆等於毘蘭邑食馬麥九十日也

汝教世人修三摩地後斷偷盜是名如來先佛世尊第三決定清淨明誨是故阿難若不斷偷修禪定者譬如有人水灌漏卮欲求其滿縱經塵劫終無平復若諸比丘衣鉢之餘分寸不畜乞食餘分施餓衆生於大集會合掌禮衆有人捶詈同於稱讚必使身心二俱捐捨身肉骨血與衆生共不將如來不了義說迴為己解以誤初學佛印是人得真三昧如我所說名為佛說

不如此說即波旬說

文句此言非但執身不盜須是心亦不偷也邪道者奸欺之類精靈者盜日月之精氣而為神靈妖魅者盜人精氣為妖魅鬼魅循方乞食者謂循順方法而行乞食僧祇律中名為分衛言分施眾僧衛護道力也肇法師云乞食略有四意一為福利眾生二為折伏憍慢三為知身有苦四為除去滯著禪販如來者禪附佛法貪販利養也身然一燈等者依於身見而起偷心故以捨身微因對治盜業溫陵云一切難捨無如己身難捨能捨則自餘貪

愛決能棄捨、故曰是人於法已決定心也、苟但捨身而、心不決、捨則無益於道、故下文云、必使身心二俱捐捨、如我馬麥等者、佛於往世曾詬比丘可食馬麥、故於毘蘭邑中、食麥三月、以示宿債必償也、禪定喻水、偷心喻如漏巵、衣鉢之餘、分寸不畜、是貪心畢捨、乞食餘分、施餓衆生、是慳心畢捨、於大集會合掌禮衆、是畢捨慢心、有人捶詈、同於稱讚、是畢捨瞋心、不將如來不了義說等者、上文是於依正二報、永斷偷心、此即於佛法上、永斷偷心也、謂若欲說法利生、接引初學、必須備討如來大小教典，知其四悉因緣，不可但執一義一解，而自以為是，兼以悞初學也。

㊔四大妄語戒

阿難，如是世界，六道眾生，雖則身心無殺盜婬，三行已圓，若大妄語，即三摩地，不得清淨，成愛見魔，稍有所得，起增上慢則是愛魔，執此是實餘皆虛妄，則是見魔，又借此貪求供養，則是愛魔，執性廢修，妄謂已實，齊於諸聖，則是見魔也。失如來種，所謂未得之理，謂其已得，未證之果，言其已證，或求世間尊勝第一，謂前人言，我今已得須陀洹果，斯陀含果，阿那含果，阿羅漢道，前三居賢位，名曰果，後一居聖位，名曰道。辟支佛乘，十地地前諸位，即信住行向菩薩，皆是妄語，求彼(前人)禮懺貪其供養是一顛迦(即是一闡提)銷滅佛種如人以刀斷多羅木(不復更生)佛記是(妄語之)人永殞善根無復(如來)知見沈三苦海不成三昧我滅度後敕諸菩薩及阿羅漢應身生彼末法之中作種種形度諸輪轉(不息之眾生)或(現淨相而)作沙門(或現染相而作)白衣居士人王宰官童男童女如是乃至婬女寡婦姦偷屠販與其同事(和光同塵攝歸正道)稱讚佛乘令其(末法之眾生)身心入三摩地(然)終不自言我真菩薩真阿羅漢(必不漏)洩佛密因(豈肯)輕言(於)末學(人前)唯除(臨)命終(時)陰有遺(文)付(囑畧露消息令人生敬信耳)云何是人惑亂眾生成大妄語汝教世人修

噬 音誓齧也

騅 未惟切音錐

三摩地。後復斷除諸大妄語。是名如來先佛世尊第四決定清淨明誨。是故阿難。若不斷其大妄語者。如刻人糞為旃檀形。欲求香氣。無有是處。三乘聖果喻如旃檀名利惡心喻如糞穢我教比丘。直心是道場。於四威儀。一切行中。直心直言尚無一念虛假。云何妄語人言自稱得上人法。譬如一介窮人。妄號帝王。自取誅身滅種。況復出世閒之大法王。如何妄竊名位乎因地妄而不真。故果招紆曲。不實。則是求進而反退。求正而反邪矣。若求佛菩提。心若不真。是因不真。如噬臍人。言人不能自噬其臍。以喻悔無所及也。按左傳。魯莊公六年。楚文王伐申。過鄧。鄧祁侯曰。吾甥也。止而亯之。騅甥。聃甥。養甥。請殺楚子。鄧侯弗許。三甥曰。亡鄧國者。必此人也。若不早圖。後君噬臍。或云麝被人逐。自噬其臍。雖復噬臍。終不免難也欲誰成就無上知覺歟若諸比丘，心如直弦，一切真實，入三摩地，永無魔事，我印是人，成就菩薩無上知覺，如我所說，名為佛說，不如此說，即波旬說。

大佛頂如來密因修證了義諸菩薩萬行首楞嚴經易知錄卷第六　終

湖南寧鄉縣信士童錫瓊捐貲百元刋成此
卷眷屬芳名列後
父童光策　母齊氏　妻王澤瀛
長子恩焯　次子恩釗　女恩信　伏願
過去祖先咸生淨域生存父母福壽康寧本
身眷屬清吉如意以後孫仍長發其祥
願以此功德　莊嚴佛淨土
上報四重恩　下濟三途苦

若有見聞者　悉發菩提心
盡此一報身　同生極樂國

大佛頂如來密因修證了義諸菩薩萬行首楞嚴經易知錄卷第七

南嶽祝聖沙門釋默庵治定

(戊)二明誦咒治習二。初結前。二正明。(己)今初

阿難。汝問攝心。我今先說入三摩地。修學妙門。求菩薩道。要先持此四種律儀。皎如冰霜。自不能生一切枝葉。心三口四。生必無因。阿難。如是四事。若不遺失。心尚不緣色香味觸。一切魔事。云何發生。

文句。此正結明欲攝其心。必須持戒也。一切枝葉者。指餘一切微細戒法。如十善中之口四意三。沙

彌戒中之後六條、比丘戒中之餘二百四十六條、乃至菩薩戒之後六重及四十八輕等、以此根本四種心戒攝之、罄無不盡、故云心三口四、生必無因也、一切魔事、必托六塵而發心、既不緣色香味觸、則天魔無所施其術矣、所以三無漏學、必以戒為本也、

(己)二正明二、初畧示應持、二廣顯儀軌

(庚)初中二、初畧勸誦持顯益、二畧示道場方法

(辛)初又二、初勸持二顯益　(壬)今初

若有宿習、不能滅除、汝教是人、一心誦我佛頂光明

摩訶薩怛多般怛羅無上神咒。斯是如來無見頂相。無為心佛。從頂發輝。坐寶蓮華。所說心咒。

文句。夫木义戒力。固能防禦外魔。至若宿習偏強。必須神咒冥滌也。摩訶薩怛多般怛羅。此云大白傘蓋。體無對待。曰大。相絕塵染。曰白。用覆一切曰傘蓋。又三皆絕待故體相用。稱為三大。亦復三皆白淨。三皆覆物。即大佛頂三德秘藏之異名耳。五會神咒。乃是密詮此妙心者。故名心咒。亦名咒心。

㊀二顯益

且汝宿世與摩登伽。歷劫因緣。恩愛習氣。非是一生及與一劫。我一宣揚愛心永脫。先證那含。乃至於今成阿羅漢。

彼尚婬女。無心修行。神力冥資。速證無學。云何猶言何況汝等在會聲聞。本欲求最上乘。而決定成佛者。譬如以塵揚於順風。有何艱險。

文句。幽溪云。登伽習厚。比丘習薄。登伽下賤。聲聞尊貴。登伽無心修行。汝等求最上乘。登伽是邪定聚。汝等決定成佛。是正定聚。吳興云。塵譬宿習。風如神咒

(辛)二略示道場方法二。初方便。二正修。(壬)今初

若有末世。欲坐道場。先持比丘清淨禁戒。要當選擇

戒清淨者第一沙門以為其師若其不遇真清淨僧汝戒律儀必不成就戒成已後著新淨衣然香閒居誦此心佛所說神咒一百八徧

文句沙門此云勤息第一沙門如律中所謂滿足十夏具足十德者是也不唯師必第一沙門亦且僧必真實清淨故知三師七證或是邊地五人斷斷不可不選擇也幽溪云今文方便準止觀二十五種方便亦復大同先持比丘清淨禁戒即持戒清淨著新淨衣即衣食具足閒居即閒居靜處及息緣務第一沙門為師即近善知識前文心尚不

緣色香味觸，即訶五欲，後文心滅貪婬，三七不寐等，即棄五蓋，五蓋者，一貪欲蓋，二瞋恚蓋，三睡眠蓋，四掉悔蓋，五疑蓋也。端坐安居，必調五事，調心不沈不浮，調身不緩不急，調息不澀不滑，調眠不節不恣，調食不饑不飽。坐禪之時，必行五法，一欲，二精進，三念，四巧慧，五一心也。真際云，誦咒百八，表滅百八煩惱。

(壬)二正修

然後結界，建立道場，求於十方現住國土無上如來，放大悲光，來灌其頂，阿難，如是末世清淨比丘，若比丘尼，白衣檀越，心滅貪婬，持佛淨戒，於道場中，發菩薩願，出入澡浴，六時行道，標指晝三時，夜三時，為六時，按西域記云，時極短者為刹那。此云極少時。百二十刹那為一怛刹那。此云一瞬。六十怛刹那為一臘縛。此云一息。三十臘縛為一牟呼栗多。此云須臾。五十牟呼栗多為一時。六時合為一日一夜。如是不寐。經三七日。我自現身。至其人前。摩頂安慰。令其開悟。

文句。結界。即指下文壇法。準諸密部。將欲修行。擇日立壇。修行既畢。即須滅卻壇相。不得留至明相出時。蓋方圓丈六為八角壇。既不言高築幾許。應同密部畫地為之。修此三昧。通於四眾。白衣檀越。即指清信士女。然入壇之法。必須各自為類。萬無僧俗交參。男女混雜之理。或優婆塞可許隨比丘眾。優婆夷可許隨比丘尼。仍須退列末位。斷斷不可充十僧數，以下文云，十比丘故。佛自現身摩頂，正應行人所求，故非魔事。然須但念唯心，不得心外取境。

（庚）二廣顯儀軌二，初正示道場軌則，二重宣佛頂神咒。（辛）初中二，初請問，二示答。（壬）今初

阿難白佛言，世尊，我蒙如來無上悲誨，心已開悟，自知（依此耳根圓通）修證無學（之）道（可）成，（若夫）末法修行，（必須）建立道場，（未審）云何結界，合佛世尊清淨軌則。

（壬）二示答二，初別示，二總結。（癸）初中二，初明壇法，二明修法。（子）初又二，初立壇方法，二供養

方法　㊀丑今初

佛告阿難，若末世人，願立道場，此之壇法，有事有理。事相則如文可知，理致則法有所表。若不知其所表法門，則事相徒施，何以觸境成於妙觀也。先取雪山，表法性理也。大力白牛，表本覺智也。食其山中肥膩香草，此牛唯飲雪山清水，表性體中本具緣因諸功德也。其糞微細，表性具三因所起妙修也。可取其糞，和合旃檀，表性具無作妙戒也。以泥其地，表真因也。若非雪山，其牛糞臭穢，不堪塗地，表生滅為本修因，不能圓成果地修證也。別於平原，表平常六受用根也。穿去地皮五尺已下，表破五陰也。取其黃土，表六根門頭中道佛性也。和上旃檀，幽溪云：塗壇供佛，必用香者，蓋香乃卻穢之佳品，格聖之神物也。感通傳天人費氏云：人中臭氣，上熏於空四十萬里，諸天清淨，無不厭之，但以受佛付囑，令

檖 則前切音箋廣韻香木名

笮 則伯切音窄增

護於法佛尚與人同止諸天不敢不來故佛法中香為佛事皆以關職感聖之設也翻譯名義集云牛頭旃檀或云此方無故不翻或云義翻與藥能除病故慈恩傳云樹類白楊其質涼冷蛇多附之華嚴云摩羅耶山出旃檀香名曰牛頭若以塗身設入火坑火不能燒正法念經云此洲有山名曰高山高山之峯多有牛頭旃檀若諸天與修羅戰時為刀所傷以牛頭旃檀塗之即愈以此山峯狀如牛頭於此峯生旃檀樹故名牛頭大論除摩梨山無出旃檀摩梨山此云離垢在南天竺國白檀治熱病赤檀治風腫

沈水 梵語惡揭嚕此云沈香華嚴云阿那婆多池邊出沈水香名蓮華藏其香一圓如麻子大若以燒之香氣普熏閻浮提界異物志云出日南國欲取當先斫樹壞著地積久外朽爛其心堅者置水則沈曰沈香其次在心白之間不甚精堅者置之水中不沈不浮與水平者名曰檖香

蘇合 梵語咄嚕瑟劍此云蘇合珙鈔引續漢書云出大秦國合諸香煎其汁謂之蘇合廣志亦云出大秦國或云蘇合國國人采之笮其汁以為香膏乃賣其滓或云合諸香煎為蘇合非一物也

薰陸 梵語杜嚕此云薰陸南洲

韻壓也

苜音牧蓿音肅

異物志云。狀如桃膠。西域記云。南印度。阿吒釐國。薰陸香樹。葉似棠梨。南方草物狀曰。出大秦國。樹生沙中。盛夏樹膠流沙上。

鬱金 梵語茶矩摩。此云鬱金。說文。鬱金草之花。遠方鬱人所貢。故謂之鬱。今鬱林郡也。時珍曰。漢鬱林郡。即今廣西桂州潯柳邕賓諸州之地。一統志。惟載柳州。羅城縣出鬱金香。本草集解。生大秦國。二月三月有花。狀似紅蘭。四月五月采花。即香也。鄭玄曰。鬱草似蘭。南洲異物志云。鬱金。出罽賓國。人種之。先以供佛。幽溪曰。今醫書多以薑黃當鬱金。今以周禮訂之。其訛可知。

白膠 梵語薩闍羅婆。此翻曰膠香。本草集解。即楓脂香。頌曰。今南方及關陝甚多。樹甚高大。似白楊。葉圓而作岐。有三角而香。二月有花。白色。乃連著實。大如鴨卵。八月九月熟時曝乾可燒。南方草木狀云。楓實惟九真有之。用之有神。乃難得之物。其脂為白膠香。五月斫為坎。十一月采之。亦云即松香也。

青木 幽溪云。此方處處有之。藤有白膠。摘其葉則出。微有香氣。根如廣木香而瘦。今肆中香方多用之。

零陵 梵語多揭羅。此云零陵。南越志。土人謂之鷰草。芸香。說文云。芸草似苜蓿。淮南云。芸可以死而復生。幽溪云。近日從菩提峯得種。植之園中。頗能生發。採歸曝乾。藏之箱篋。芳香襲人。**甘松**幽溪云。甘松出廣州。今香肆多用之。此易知也。**及鷄舌香。**幽溪云。鷄舌出五馬洲。南洲異物志云。是草萎可合香箋。外國胡人說。衆香共是一木。華為鷄舌。按本草綱目。鷄舌即毋丁香也。齊民要術言。鷄舌俗名丁香。日華子言。丁香治口氣。與三省故事載。漢時郎官日含鷄舌香。欲其奏事芬芳。無穢氣故也。蓋此十香。表具足受持十種戒法。所謂不缺戒。不破戒。不穿戒。不雜戒。隨道戒。無著戒。智所讚戒。自在戒。隨定戒。具足戒也。**以此十種細羅為粉。**表十種戒。互攝互融。非有方隅次第也。**合土成泥。**表戒乘俱修也。**以塗場地。**表因地心也。**方圓丈六為八角壇。**表八正道。攝於八邪也。八角則方而復圓。圓而復方。表事理不二。權實同歸也。蓋上根之人。但不隨分別三種相續。三緣斷故。三因不生。狂性自歇。歇即菩提。喻如以白牛糞和栴檀也。倘未能直下歇狂。須知修行二決定義。就六根門頭。破五陰渾濁。得元明覺無生滅性。為因地心。以戒互嚴。方成妙因。喻如黃土和十香。

也

長水䟽雪山牛乳純是醍醐所有茹退最為香潔但和一味旃檀即可塗地苟無此者即取深土別加衆香十味和合以塗場地

㊀丑 二供養方法又二初壇中供物二壇外莊嚴

㊀寅 今初

壇心置一金銀銅木意令隨力為之不必拘執然總表一實之理也所造蓮華蓋蓮華表因果同時也言所造者正表理非因果能成一切諸因果也華中安鉢鉢名應器以表事理相應也鉢中先盛八月露水表中道妙定也水中隨安所有華葉表中道妙慧也取八圓鏡各安其方表衆生本有大定智光依

八正道而得安住也。圍繞華鉢。表妙智恒依妙理也。鏡外建立十六蓮華。十六香爐。表從性所起慧華戒香。各須十六者。即表自行八正。化他八正也。間華鋪設莊嚴。表戒慧互為莊嚴也。香爐純燒沉水。無令見火。表持於無相妙戒也。取白牛乳。置十六器。乳為煎餅。并諸砂糖。油餅。乳糜。蘇合。蜜薑。純酥。純蜜。表稱性所起禪悅法味。亦是八正道味也。於蓮華外。各各十六。表一一正道中各具自行化他二種八正也。圍繞華外。以奉諸佛。及大菩薩。表以已所證禪悅正道之味。仰契果德也。每以食時。若在中夜。皆表依於中道也。取蜜半升。用酥三合。蜜為華之精。酥為乳之精。皆是味中上味。表於圓通妙理也。半升中數。三合。成數。表中道必具三德也。壇前別安一小火爐。表妙觀察智相應心品。二十五圓通境必皆別藉此以為能觀也。以兜樓婆香。

異物志云出海邊國如都梁香翻譯云出鬼神國此方無故不翻或翻香草或云即白茅香亦云即藿香

煎取香水沐浴其炭然令猛熾表正助二行皆具足也投是酥蜜於炎爐內燒令烟盡享獻也佛菩薩表以妙理投妙智中俾其直下入流亡所圓超五濁上合諸佛菩薩所證性體也

寅二壇外莊嚴

令其四外偏懸旛華等總表具足助行旛表五悔法門華表六度萬行也於壇室中四壁敷設十方如來以表極果及諸菩薩以表真因所有形像應於當陽張盧舍那是報身智慧釋迦是應身慈悲彌勒是當來教主阿閦此云無動東方佛名表不動智彌陀此云無量壽亦云無量光西方佛名表無緣慈諸大變化觀音形像如前文所明眾首臂目等此是顯教圓通真主兼

金剛藏。乃是密教圓通真主。安其左右。表顯密互嚴也。帝釋。是忉利主。梵王。是初禪主。烏芻瑟摩。即火頭金剛。幷藍地迦。即青面金剛。諸軍荼利。亦金剛名。與毘俱胝。即今三目持髮髻者。四天王等。即東方持國。南方增長。西方廣目。北方多聞。頻那。即猪頭使者。夜迦。即象鼻使者。張於門側。左右安置。此等外護。俱表摧邪顯正力用也。又取八鏡。覆懸虛空。表諸佛果位大定智光。無依無住。與壇場中所安之鏡。方面相對。使其形影重重相涉。表生佛互融。感應道交。不可思議也。蓋空中八鏡照於壇。鏡則是果徹因源。壇中八鏡照於空。鏡則是因該果海。若向此處著眼。便知心佛眾生三無差別妙理。便能悟入事事無礙法界矣。文句。原此一經。妙旨不外十乘觀法。前三卷半經。顯譚不思議境也。五會神咒。密詮不思議境也。此之壇法，表示不思議境也，空鏡壇鏡照而常寂，故稱妙湛種種莊嚴，依正相稱，故號總持，壇地虛空，體性寂滅，故名不動，又鏡妙湛故，莊嚴地空皆妙湛也，莊嚴總持故，鏡及地空皆總持也，地空不動故，鏡及莊嚴皆不動也，妙湛故言白，總持故言傘蓋，不動故言大，又妙湛白，故總持不動皆白也，總持如蓋，故妙湛不動皆如蓋也，不動大，故妙湛總持皆大也，又大白傘蓋，三義一體，故妙湛也，一體三義，故總持也，三一一三，不可思議，故不動也，故曰顯譚密詮，及與表示，其為不思議境一也，專心發願等、是真正發菩提心、誦呪坐禪、是安心止觀、徵心辨見等、是破法徧、不作聖心、名善境界等、是識通塞、三漸次等、是道品調適、律儀持呪等、是對治助開、五十五位等、是知位次、當處禪那、覺悟無惑、是能安忍、中中流入、乃至圓滿菩提、歸無所得、是離法愛、又即此壇法具表十乘、壇體可表不思議境、蓮華可表真菩提心、鉢中安水、水中安華、可表善巧安心止觀、八鏡安壇八方、可以表破法徧、華爐間飾、毋令見火、可以表識通塞、八味各十六器、可表道品調適、香水浴炭、可表對治助開、佛菩

薩像可表位次門側左右諸護法像可表安忍虛空八鏡可以表離法愛攝此十乘妙理總成一不思議境良以乘乘互攝故也

㊀子 二明修法三初正示行法二簡其不成三明其獲益

㊀丑 初中二初三七行道二懺後正修

㊀寅 今初

於初七日中至誠頂禮十方如來諸大菩薩阿羅漢號恒於六時誦咒圍繞壇場至心行道一時常行一百八遍第二七中一向專心發菩薩願心無間斷我毘柰耶先有十願之教第三七中於十二時一向持

佛般怛羅咒。至第三七之將滿日。十方如來一時出現
鏡光交處承佛摩頂。
文句一時常行一百八遍者。言繞壇一百八匝。表
成百八三昧。有云誦咒百八者非也。若誦全咒。則
事決不能。若別指路姪他以下為咒心。則理決不
可。觀後文云。是人心昏。未能誦憶。或帶身上。或書
宅中。倘獨指數句為咒心。何至心昏不能誦憶。又
設使獨此數句為咒心者。經中何無一言及之。故
知後人臆見穿鑿。深可痛也。毘奈耶先有願教。應
指梵網經中。十大願等。經云。若佛子常應發一切願。一願孝順父母師僧。二

願得好師。三願得同學善知識。以為勝友。四願教我九乘經律。五願解十發趣。六願解十長養。七願解十金剛。八願解十地。使我開解。九願如法修行。十願堅持佛戒。寧捨身命。念念不去心一向持佛般怛羅咒。則是心心靡間。密成不思議熏。故第七日。能於鏡光交處承佛摩頂也。此鏡光交處。正是顯示因該果徹。生佛平等之處。倘不能即事達理。何由能使十方如來一時出現。願修行者。用圓頓妙解。歷一切事儀。勿徒為無益苦行可矣。

㊅寅二懺後正修

即於道場修三摩地。能令如是末世修學。身心明淨。猶如瑠璃。

文句三七既畢壇儀應輟場地仍存故即於此修三昧也此三摩地別則獨指耳根圓通通則亦可隨修一種須知前來戒律壇儀二種助行秪為助此正修若正修旨趣未明則助行皆為虛設可不慎哉

㊀二簡其不成

阿難若此比丘本受戒師及同會中十比丘等其中有一不清淨者如是道場多不成就

文句十比丘者且約極多不過十人言之倠餘行法設無同志寧可獨行不必強足十人致令不得

清淨也。此中簡非，共有二事。一受戒不如法，二同行不如法。嗚呼，末世比丘，有名無義，欲求成就，其可得乎。終日譚圓，曾不知比丘戒為何事。前文所云卻非出家具戒比丘，為小乘道疑誤衆生，墮無間獄，此之謂也。哀哉。

㊄三明其獲益

從三七後，瑞坐安居，經一百日，有利根者，不起於座，得須陀洹，縱其身心聖果未成，決定自知成佛不謬。

文句前云三七不寐，即是制令常行。今云端坐百日，即是制令常坐也。須陀洹者，見道之位。此通二義一者約圓見道即是初發心住、此為最利、二者以藏對圓即是初信心位、猶如阿難圓悟藏性、頓獲法身、此亦可稱利也、縱其身心等者、近成五品圓解分明、所謂具縛凡夫、能知如來秘密之藏、是故決定自知成佛不謬也

(癸)二總結

汝問道場、建立如是、

(辛)二重宣佛頂神咒三、初阿難述請二、如來正說三護法述願　(壬)今初

阿難頂禮佛足而白佛言、自我出家、恃佛憍愛、求多

聞故。未證無為。遭彼梵天邪術所禁。心雖明了。力不
自由。賴遇文殊。為誦神咒。令我解脫。雖蒙如來佛頂神咒。
我乃冥獲其力。尚未親聞。惟願大慈。重為宣說。悲救此
會。諸修行輩。正像末法。諸修行輩。並及當來在輪迴者。俱承佛
咒密音。身意清淨。塵勞解脫。於時會中一切大眾。普皆作
禮。佇聞如來秘密章句。

㊀壬 二如來正說二。初現化佛說咒。二述功德勸持。

㊀癸 初中二。初現化表法。二正說神咒。㊀子 今初

爾時世尊從肉髻中。肉髻即無見頂相。所謂大佛頂也。涌百寶光。表百界智光也。光中涌出千葉寶蓮。表千如因果也。有化如來。坐寶華

中。表此千如因果即是諸佛所證。又化如來。即表眾生心內本有佛果也。頂放十道百寶光明。表眾生本有佛性頂法之中。各具十界界界各具百法也。一一光明皆徧示現十恒河沙金剛密迹擎山持杵徧虛空界。表法法中本有智光皆如金剛。不可沮壞。皆能摧破十界恒沙煩惱。皆能顯示十界恒沙德用也。大眾仰觀。畏愛兼抱。具威折。故大眾咸畏。具慈攝。故大眾咸愛。求佛哀祐。一心聽佛無見頂相放光如來宣說神咒

(子) 二正說神咒

南無薩怛他蘇伽多耶阿羅訶帝三藐三菩陀寫 一

薩怛他佛陀俱知瑟尼釤 二 南無薩婆勃陀勃地薩

跢鞞弊 三 毘迦切 南無薩多南三藐三菩陀俱知南 四 娑

舍囉婆迦僧伽喃五南無盧鷄阿羅漢跢喃六南無
蘇盧多波那喃七南無娑羯唎陀伽彌喃八南無盧
鷄三藐伽跢喃九三藐伽波囉底波多那喃十南無
提婆離瑟赦十一南無悉陀耶毘地耶陀囉離瑟赦十二
舍波奴揭囉訶娑訶娑囉摩他喃十三南無跋囉訶摩
泥十四南無因陀囉耶十五南無婆伽婆帝十六嚧陀囉耶
十七烏摩般帝十八娑醯夜耶十九南無婆伽婆帝二十那囉
野拏耶二十一槃遮摩訶三慕陀囉二十二南無悉羯唎
多耶二十三南無婆伽婆帝二十四摩訶迦羅耶二十五地
唎般剌那伽囉二十六毘陀囉波拏迦囉耶二十七阿地

目帝二十八 尸摩舍那泥婆悉泥二十九 摩怛唎伽拏三十
南無悉羯唎多耶三十一 南無婆伽婆帝三十二 多他伽
跢俱囉耶三十三 南無般頭摩俱囉耶三十四 南無跋闍
囉俱囉耶三十五 南無摩尼俱囉耶三十六 南無伽闍俱
囉耶三十七 南無婆伽婆帝三十八 帝唎荼輸囉西那三十
九 波囉訶囉拏囉闍耶四十 跢他伽多耶四十一 南無婆
伽婆帝四十二 南無阿彌多婆耶四十三 跢他伽多耶四十
四 阿囉訶帝四十五 三藐三菩陀耶四十六 南無婆伽婆
帝四十七 阿芻鞞耶四十八 跢他伽多耶四十九 阿囉訶帝
五十 三藐三菩陀耶五十一 南無婆伽婆帝五十二 鞞沙闍

耶俱嚧吠柱唎耶五十三般囉婆囉闍耶五十四路他伽多耶五十五南無婆伽婆帝五十六三補師毖多五十七薩憐捺囉剌闍耶五十八路他伽多耶五十九阿囉訶帝六十三藐三菩陀耶六十一南無婆伽婆帝六十二舍雞野母那曳六十三路他伽多耶六十四阿囉訶帝六十五三藐三菩陀耶六十六南無婆伽婆帝六十七剌怛那雞都囉闍耶六十八路他伽多耶六十九阿囉訶帝七十三藐三菩陀耶七十一帝瓢南無薩羯唎多七十二翳曇婆伽婆多七十三薩怛他伽都瑟尼釤七十四薩怛多般怛嚂七十五南無阿婆囉視耽七十六般囉帝揚岐囉七十七薩囉婆部

多揭囉訶七十八尼羯囉訶揭迦囉訶尼七十九跋囉毖地耶叱陀你八十阿迦囉密唎柱八十一般唎怛囉耶儜揭唎八十二薩囉婆槃陀那目乂尼八十三薩囉婆突瑟吒八十四突悉乏般那你伐囉尼八十五赭都囉失帝南八十六羯囉訶娑訶薩囉若闍八十七毘多崩娑那羯唎八十八阿瑟吒氷舍帝南八十九那乂剎怛囉若闍九十波囉薩陀那羯唎九十一阿瑟吒南九十二摩訶揭囉訶若闍九十三毘多崩薩那羯唎九十四薩婆舍都嚧你婆囉若闍九十五呼藍突悉乏難遮那舍尼九十六毖沙舍悉怛囉九十七阿吉尼烏陀迦囉若闍九十八阿般囉視多

具囉九十九摩訶般囉戰持一百摩訶疊多一摩訶帝闍
二摩訶稅多闍婆囉三摩訶跋囉槃陀囉婆悉你四
阿唎耶多囉五毗利俱知六誓婆毗闍耶七跋闍囉
摩禮底八毗舍嚧多九勃騰罔迦十跋闍囉制喝那
阿遮十一摩囉制婆般囉質多十二跋闍囉擅持十三毗舍
囉遮十四扇多舍鞞提婆補視多十五蘇摩嚧波十六摩訶
稅多十七阿唎耶多囉十八摩訶婆囉阿般囉十九跋闍囉
商羯囉制婆二十跋闍囉俱摩唎二十一俱藍陀唎二十二
跋闍囉喝薩多遮二十三毗地耶乾遮那摩唎迦二十四
啒蘇母婆羯囉跢那二十五鞞嚧遮那俱唎耶二十六夜

囉嵬瑟尼釤二十七毘折嚂婆摩尼遮二十八跋闍囉迦那迦波囉婆二十九嚧闍那跋闍囉頓稚遮三十稅多遮迦摩囉三十一刹奢尸波囉婆三十二翳帝夷帝三十三母陀囉羯拏三十四沙鞞囉㦚三十五掘梵都三十六印免那麼麼寫三十七誦者至此句稱弟子某受持烏鉼三十八唎瑟揭拏三十九般剌舍悉多四十薩怛他伽都瑟尼釤四十一虎鉼四十二都嚧雍四十三瞻婆那四十四虎鉼四十五都嚧雍四十六悉耽婆那四十七虎鉼四十八都嚧雍四十九波羅瑟地耶三般叉拏羯囉五十虎鉼五十一都嚧雍五十二薩婆藥叉喝囉刹娑五十三揭囉訶若闍五十四毘騰崩薩那羯囉五十

五虎件五十六都嚧雍五十七者都囉户底南五十八揭囉
訶娑訶薩囉南五十九毘騰崩薩那囉六十虎件六十一都
嚧雍六十二囉乂六十三婆伽梵六十四薩怛他伽都瑟尼
釤六十五波囉點闍吉唎六十六摩訶娑訶薩囉六十七勃
樹娑訶薩囉室唎沙六十八俱知娑訶薩泥帝㘑六十九
阿弊提視婆唎多七十吒吒罠迦七十一摩訶跋闍嚧陀
囉七十二帝唎菩婆那七十三曼茶囉七十四烏件七十五莎
悉帝薄婆都七十六麼麼七十七印兔那麼麼寫七十八至此句
準前稱名若俗人稱弟子某甲囉闍婆夜七十九主囉跋夜八十阿祇尼
婆夜八十一烏陀迦婆夜八十二毘沙婆夜八十三舍薩多

囉婆夜八十四 婆囉斫羯囉婆夜八十五 突瑟叉婆夜八十六 阿舍你婆夜八十七 阿迦囉密唎柱婆夜八十八 陀囉尼部彌劍波伽波陀婆夜八十九 烏囉迦婆多婆夜九十 剌闍檀茶婆夜九十一 那伽婆夜九十二 毘條怛婆夜九十三 蘇波囉拏婆夜九十四 藥叉揭囉訶九十五 囉叉私揭囉訶九十六 畢唎多揭囉訶九十七 毘舍遮揭囉訶九十八 部多揭囉訶九十九 鳩槃茶揭囉訶二百 補丹那揭囉訶一 迦吒補丹那揭囉訶二 悉乾度揭囉訶二 阿播悉摩囉揭囉訶四 烏檀摩陀揭囉訶五 車夜揭囉訶六 醯唎婆帝揭囉訶七 社多訶唎南八 揭婆訶唎南九

嚧地囉訶唎南十忙娑訶唎南十一謎陀訶唎南十二摩
闍訶唎南十三闍多訶唎女十四視比多訶唎南十五毘多
訶唎南十六婆多訶唎南十七阿輸遮訶唎女十八質多訶
唎女十九帝釤薩鞞釤二十薩婆揭囉訶南二十一毘陀耶
闍瞋陀夜彌二十二雞囉夜彌二十三波唎跋囉者迦訖
唎擔二十四毘陀耶闍瞋陀夜彌二十五雞囉夜彌二十六
荼演尼訖唎擔二十七毘陀耶闍瞋陀夜彌二十八雞囉
夜彌二十九摩訶般輸般怛夜三十嚧陀囉訖唎擔三十一
毘陀耶闍瞋陀夜彌三十二雞囉夜彌三十三那囉夜拏
訖唎擔三十四毘陀耶闍瞋陀夜彌三十五雞囉夜彌三十

六怛埵伽嚧茶西訖唎擔三十七毘陀耶闍瞋陀夜彌
三十八雞囉夜彌三十九摩訶迦囉摩怛唎伽拏訖唎擔
四十毘陀耶闍瞋陀夜彌四十一雞囉夜彌四十二迦波唎
迦訖唎擔四十三毘陀耶闍瞋陀夜彌四十四雞囉夜彌
四十五闍耶羯囉摩度羯囉四十六薩婆囉他娑達那訖
唎擔四十七毘陀耶闍瞋陀夜彌四十八雞囉夜彌四十九
赭咄囉婆耆你訖唎擔五十毘陀耶闍瞋陀夜彌五十一
雞囉夜彌五十二毘唎羊訖唎知五十三難陀雞沙囉伽
拏般帝五十四索醯夜訖唎擔五十五毘陀耶闍瞋陀夜
彌五十六雞囉夜彌五十七那揭那舍囉婆拏訖唎擔五十

八毘陀耶闍瞋陀夜彌五十九雞囉夜彌六十阿羅漢訖
唎擔毘陀耶闍瞋陀夜彌六十一雞囉夜彌六十二毘多
囉伽訖唎擔六十三毘陀耶闍瞋陀夜彌六十四雞囉夜
彌跋闍囉波你六十五具醯夜具醯夜六十六迦地般帝
訖唎擔六十七毘陀耶闍瞋陀夜彌六十八雞囉夜彌六十
九囉乂罔七十婆伽梵七十一印兎那麼麼寫七十二至此依前稱
弟子名婆伽梵七十三薩怛多般怛囉七十四南無粹都帝
七十五阿悉多那囉剌迦七十六波囉婆悉普吒七十七毘
迦薩怛多鉢帝唎七十八什佛囉什佛囉七十九陀囉陀
囉八十頻陀囉頻陀囉瞋陀瞋陀八十一虎𤙖八十二虎𤙖

八十三泮吒八十四泮吒泮吒泮吒泮吒八十五娑訶八十六
醯醯泮八十七阿牟迦耶泮八十八阿波囉提訶多泮八十
九婆囉波囉陀泮九十阿素囉毘陀囉波迦泮九十一薩
婆提鞞弊泮九十二薩婆那伽弊泮九十三薩婆藥义弊
泮九十四薩婆乾闥婆弊泮九十五薩婆補丹那弊泮九十
六迦吒補丹那弊泮九十七薩婆突狼枳帝弊泮九十八
薩婆突澀比噤訖瑟帝弊泮九十九薩婆什婆噤弊泮
三百薩婆阿播悉摩噤弊泮一薩婆舍囉婆拏弊泮二
薩婆地帝雞弊泮三薩婆怛摩陀繼弊泮四薩婆毘
陀耶囉誓遮噤弊泮五闍夜羯囉摩度羯囉六薩婆

囉他娑陀雞弊泮七　毘地夜遮唎弊泮八　者都囉縛
耆你弊泮九　跋闍囉俱摩唎十　毘陀夜囉誓弊泮十一
摩訶波囉丁羊乂耆唎弊泮十二　跋闍囉商羯囉夜十三
波囉丈耆囉闍耶泮十四　摩訶迦囉夜十五　摩訶末怛唎
迦拏十六　南無娑羯唎多夜泮十七　毖瑟拏婢曳泮十八　勃
囉訶牟尼曳泮十九　阿耆尼曳泮二十　摩訶羯唎曳泮二十
一　羯囉檀持曳泮二十二　蔑怛唎曳泮二十三　嘮怛唎曳
泮二十四　遮文茶曳泮二十五　羯邏囉怛唎曳泮二十六　迦
般唎曳泮二十七　阿地目質多迦尸摩舍那二十八　婆私
你曳泮二十九　演吉質三十　薩埵婆寫三十一　麼麼印兔那

麼麼寫三十二至此依前稱弟子名突瑟吒質多三十三阿末怛唎質多三十四烏闍訶囉三十五伽婆訶囉三十六嚧地囉訶囉三十七婆娑訶囉三十八摩闍訶囉三十九闍多訶囉四十視毖多訶囉四十一跋畧夜訶囉四十二乾陀訶囉四十三布史波訶囉四十四頗囉訶囉四十五婆寫訶囉四十六般波質多四十七突瑟吒質多四十八嘮陀囉質多四十九藥乂揭囉訶五十囉剎娑揭囉訶五十一閉嚟多揭囉訶五十二毘舍遮揭囉訶五十三部多揭囉訶五十四鳩槃茶揭囉訶五十五悉乾陀揭囉訶五十六烏怛摩陀揭囉訶五十七車夜揭囉訶五十八阿播薩摩囉揭囉訶五十九宅袪

革荼耆尼揭囉訶六十咧佛帝揭囉訶六十一闍彌迦揭
囉訶六十二舍俱尼揭囉訶六十三姹陀囉難地迦揭囉
訶六十四阿藍婆揭囉訶六十五乾陀波尼揭囉訶六十六
什佛囉堙迦醯迦六十七隆帝藥迦六十八怛𠿱帝藥迦
六十九者突託迦七十昵提什伐囉歧釤摩什伐囉七十一
薄底迦七十二鼻底迦七十三室隸瑟密迦七十四娑你般
帝迦七十五薩婆什伐囉七十六室嚧吉帝七十七末陀鞞
達嚧制劍七十八阿綺嚧鉗七十九目佉嚧鉗八十羯唎突
嚧鉗八十一羯囉訶揭藍八十二羯拏輸藍八十三憚多輸
藍八十四迄唎夜輸藍八十五末麼輸藍八十六跋唎室婆

輸藍八十七毖栗瑟吒輸藍八十八烏陀囉輸藍八十九羯
知輸藍九十跋悉帝輸藍九十一鄔嚧輸藍九十二常伽輸
藍九十三喝悉多輸藍九十四跋陀輸藍九十五娑房盎伽
般囉丈伽輸藍九十六部多毖路荼九十七茶耆你什婆
囉九十八陀突嚧迦建咄嚧吉知婆路多毘九十九薩般
嚧訶凌伽四百輸沙怛囉娑那羯囉一毘沙喻迦二阿
耆尼烏陀迦三末囉鞞囉建路囉四阿迦囉蜜唎咄
怛斂部迦五地栗剌吒六毖唎瑟質迦七薩婆那俱
囉八肆引伽弊揭囉唎藥叉怛囉芻九末囉視吠帝
釤娑鞞釤十悉怛多鉢怛囉十一摩訶跋闍嚧瑟尼釤

十二摩訶般賴丈耆藍十三夜波突陀舍喻闍那十四辮怛隸拏十五毗陀耶槃曇迦嚧彌十六帝殊槃曇迦嚧彌十七般囉毗陀槃曇迦嚧彌十八跢姪他十九唵二十阿那隸二十一毗舍提二十二鞞囉跋闍囉陀唎二十三槃陀槃陀你二十四跋闍囉謗尼泮二十五虎𤙖都嚧甕泮二十六莎婆訶四百二十七

文句。此一心咒。凡有五會。共四百二十七句。二千六百二十字。即是密詮大佛頂法。與前顯說。力用是均。自有眾生。應以顯說。而得歡喜生善滅惡入理者。自有眾生。應以密說。而得歡喜生善滅惡入理者、所以若顯若密、皆是四悉因緣故說也、或云顯說生慧、密說生定、一往語耳、片言之下、狂心頓歇、顯說何嘗不生於定、持是咒者、金剛藏王菩薩精心陰速發彼神識、密說何嘗不生於慧、當知顯密、皆不思議也、孤山曰、諸經神咒、例皆不翻、自古人師、多有異說、天台會之、不出四悉、一云咒者、鬼神王名、稱其王名、部落敬主、不敢為非、此世界義也、二云咒者、如軍中密號、唱號相應、無所訶問、不相應者、即執治之、此為人義也、三云咒者、密默遮惡、餘無識者、如微賤人、奔逃異國、詐稱王子、因以公主妻之。多瞋難事。有一明人。從其國來。公主往訴。其人語曰。若當瞋時。應說偈云。無親往他國。欺誑一切人。麤食是常食。何勞復作瞋。說是偈時。默然瞋歇。即對治義也。四云呪者。諸佛密語。惟聖乃知。如王索仙陀婆。一名而具四實。謂鹽。水。器。馬也。羣下莫曉。惟智臣解之。呪亦如是。秪一法語。徧有諸力。病愈。罪除。生善。合道。即第一義也。具此四義故存本音。五不翻中。即秘密故不翻。於四例中。即翻字不翻音也。五不翻者。一秘密不翻。即是諸呪。二多含不翻。如比丘三義。婆伽梵六義等。三此方所無故不翻。如閻浮提等。四順古不翻。如阿耨多羅三藐三菩提等。自古存梵音故。五生善不翻。如般若尊重。智慧輕薄故。四例者。一翻字不翻音。即諸咒語。二翻音不翻字。如卍字是西字。此方呼如萬音。非西音也。三音字具翻。即諸經文。四音字俱不翻。即是梵筴。

㊀癸 二述功德勸持二。初顯果上自行化他功德。二明因人滅惡生善功德。

㊀子 初中三。初總明。二別顯。三總結。

㊀丑 今初

阿難。是佛頂光聚。悉怛多般怛囉（咒心。乃無上）秘密伽陀微妙章句。即是佛母真三昧。能出生十方一切諸佛。文句。出生一切佛。猶所云一路涅槃門。正見顯密惟一理也。

㊀丑 二別顯

咒心。即心咒義以此五會章句。乃是密詮心要故也。出溪云。古人稱此謂之十種咒心。此說非也。須知事雖有十。心惟一種。但此一心而有三義。體無對待曰太。即如來藏妙明心元。如實空不空義。相絕塵染曰白。即如來藏本妙圓心。如實空義。用覆一切曰傘蓋即如來藏元明心妙。如實不空義。若約義往釋。應云

十方如來。因此如來藏咒心。如實空義。得成實智菩提。無上正徧知覺。因如來藏咒心。如實不空義。得成方便菩提。無上正偏知覺因如來藏咒心如實空不空義。得成真性菩提無上正徧知覺偏知屬果。對果說因所謂不生不滅。為本修因。如來密因也。十方如

來執此咒心如實空義降伏界內凡聖同居土分段諸魔制諸見思四見外道執此咒心如實不空義降伏界外方便有餘土變易四魔制諸塵沙四見外道執此咒心如實空不空義降伏實報無障礙土變易四魔制諸無明四見外道降魔制外必執實杵今此咒心喻如金剛王劍故言執也十方如來乘此咒心如實空義坐寶蓮華應凡聖同居微塵國土乘此咒心如實不空義坐寶蓮華應方便有餘微塵國土乘此咒心如實空不空義坐寶蓮華應實報無障礙微塵國土自有所乘以此度人如乘大車故言乘也十方如來含此咒心如實空義於凡聖同居微塵國轉四種四諦大法輪含此咒心如實不空義於方便有餘微塵國轉三種四諦法輪含此咒心如實空不空義於實報莊嚴微塵國轉二種四諦法輪說法是吐對吐言含所說如所行也十方如來持此咒心如實空義能於十方摩頂授實智菩提之記持此咒心如實不空義能於十方摩頂授方便菩提

正脉自蒙授記者有持此咒者佛知必成佛道故授記也

之記持此咒心如實空不空義能於十方摩頂授真性菩提之記自既受持不忘亦能持此以授人也縱自果未成亦於十方蒙佛授記十方如來依此咒心如實空義能於十方拔濟凡聖同居分段生死羣苦所謂地獄餓鬼畜生盲聾瘖瘂怨憎會苦愛別離苦求不得苦五陰熾盛大小諸橫同時解脫賊難兵難王難獄難風火水難饑渴貧窮如是諸難感應道交應念消散依此咒心如實不空義能於十方拔濟方便有餘變易生死羣苦依此咒心如實空不空義能於十方拔濟實報莊嚴變易生死羣苦猶如拯溺必依舟航自既依止三德秘藏能為一切作大歸依處也十方如來隨此咒心如實空義能於十方凡聖同居土事善知識四威儀中財法二施供養如意隨此咒心如實不空義能於十方方便有餘土事善知識乃至供養如意隨此咒心

如實空不空義能於十方實報莊嚴五事善知識乃至供養如意由能隨順三德秘藏即是隨順一切知識也恒沙如來會中推為大法王子十方如來行此咒心如實空義能於十方攝受親因親因按楞嚴道眼註云道眼即歷劫親緣如阿難乃瞿曇種族皆親因也令諸小乘聞般若德秘密藏不生驚怖行此咒心如實不空義能於十方攝受親因令諸小乘聞解脫德秘密藏不生驚怖行此咒心如實空不空義能於十方攝受親因令諸小乘聞法身德秘密藏不生驚怖為實施權開權顯實自行化他具足方便故曰行也十方如來誦此咒心如實空義成無上覺坐菩提樹入圓淨大涅槃誦此咒心如實不空義成無上覺坐菩提樹入方便淨涅槃誦此咒心如實空不空義成無上覺坐菩提樹入性淨涅槃誦從也不忘失也始終示現不離秘藏故也十方如來傳此咒心如實空義於滅度後付佛般若德法事究竟住

持嚴淨真諦戒律，悉得清淨，傳此咒心，如實不空義，於滅度後，付佛解脫德法事，究竟住持。嚴淨俗諦戒律，悉得清淨，傳此咒心，如實空不空義，於滅度後，付佛法身德法事，究竟住持。嚴淨中諦戒律，悉得清淨，以心印印心，更無別法，故曰傳也。此中雖錄幽溪文義，不無增損。藏性三義，非三藏故。

㊀丑 三總結

若我說是佛頂光聚般怛羅咒，從旦至暮，音聲相聯，字句中間亦不重疊，經恒沙劫，終不能盡，亦說此咒名如來頂。

文句心性妙理，不可窮盡，所以密詮功德，亦稱性而不可盡也。亦說此咒名如來頂者，即是大佛頂

樺 胡化切廣韻本也

三德秘藏故。

(子)二明因人滅惡生善功德三。初畧明，二廣顯，三結勸。(丑)初中二。初明不持之失，二明能持之得。(寅)今初

汝等有學，未盡輪迴，發心至誠，取阿羅漢，不持此咒而坐道場，令其身心遠諸魔事，無有是處。

(寅)二明能持之得

阿難，若諸世界，隨所國土，所有衆生，隨國所生，樺皮貝葉，紙素白氎，書寫此咒，貯於香囊，是人心昏，未能誦憶，或帶身上，或書宅中，當知是人，盡其生年，一切

諸毒所不能害。

文句此必全書五會神咒。不可單書六字咒名也。

㊀丑 二廣顯二。初總標。二別示。 ㊁寅 今初

阿難。我今為汝更說持此咒者。能救護世間苦難眾生得大無畏。亦能成就眾生出世間之妙智。

㊁寅 二別示八。初能滅諸難。二菩薩加持。三不墮惡道。四同佛功德。五能淨業障。六能消夙業。七能滿眾願。八能護國界。 ㊀卯 今初

若我滅後末世眾生。有能自誦。若教他誦。當知如是誦持眾生。火不能燒。水不能溺。大毒即若惡獸圍繞利牙爪可怖。

小毒。即蚖蛇及蝮蠍。氣毒煙火然。所不能害。如是乃至天龍鬼神。精祇魔魅。所有惡咒。皆不能著。由此人誦持咒力。心滅三毒。得三昧正受。故爾一切咒詛厭熏聞云。厭鬼名。眠內不祥。伏合人心曰厭。蠱四依解。五月五日取諸毒蟲為之。蠱成。取糞下人食內。食之通身潰爛即死。毒藥者。所謂金毒。銀毒。草木毒。蟲即蜈蚣蝮蠍之類。蛇大為蟒。小即蚖。皆蛇之類。萬物毒氣。即有情無情。凡有毒者。總言。如鴆毒瘴泉等類。是也。入此持咒人之口。不但不能傷。抑復化成甘露法味。故一切惡星。並諸鬼神。磣心毒人。於如是持咒人。既不能起惡逆。而反與頻那夜迦諸惡鬼王。並其眷屬。觀德容而意消。望慈風而心化。皆領深恩。常加守護。

文句。此咒既是密詮三德秘藏。則誦持者固已全

具秘藏威神，何難不滅，何毒不消，以彼諸難諸毒，亦全攬秘藏為體，不應以秘藏而毒秘藏故也，皆領深恩者，溫陵所謂誦咒利彼故，

㊞卯 二菩薩加持

阿難，當知是咒，常有八萬四千那由他，（此云萬億）恒河沙俱胝，（此云百億）金剛藏王菩薩種族，一一皆有諸金剛眾而為眷屬，晝夜隨侍，設有眾生於散亂心，非三摩地，（但能）心憶（此咒心）口持（此咒心）是金剛王常隨從彼諸善男子，何況決定（發）菩提心（修三摩地）者，此諸金剛菩薩藏王，精心陰（感，以神力加被，）速（令開）發彼（之）神識，是人應時心能記

憶八萬四千恒河沙劫之事。周偏了知。得無疑惑。文句。菩薩精心。與行人精心。元非二體。今以決定菩提心。持此神咒。則與金剛藏王心精通脗。當處湛然。故此菩薩能於同體心性之中。陰默迅速開發彼神識也。

㊎卯　三不墮惡道

從第一劫。指今發心持咒之初時也。乃至後身者。指於最後成佛之一身也。中間生生不生藥叉羅剎。及富單那。迦吒富單那。鳩槃荼。毘舍遮等。並諸餓鬼。有形無形。有想無想。如是惡處。是善男子。若讀。若誦。若書。若寫。若帶。若藏。諸色供養。

華嚴阿僧祇品，百二十大數，阿僧祇當一百三，不可說不可說當一百十九，大論云，僧祇，秦言數，阿秦言無，天人中能知數者，極數不能知，是名一阿僧祇。

劫劫不生貧窮下賤，不可樂處。

（卯）四同佛功德

此諸眾生，縱其自身不作福業，十方如來所有功德悉與此人，由是得於恒河沙阿僧祇不可說不可說劫，常與諸佛同生一處，無量功德，如惡叉聚，同處熏修，永無分散，是故能令破戒之人，戒根清淨，未得戒者，令其得戒，未精進者，令得精進，無智慧者，令得智慧，不清淨者，速得清淨，不持齋戒，自成齋戒。

文句，十方如來所修功德，本欲普施一切眾生，由眾生不達同體法性，所以不能領受，今持此咒，則知諸佛是眾生心內諸佛。眾生是諸佛心內眾生。故得三無差別。如惡叉聚。同處熏修也。

(卯)五能淨業障

阿難。是善男子。持此咒時。設犯禁戒於未受(持此咒之)時。今持咒之後。(誓不復犯。則從前)眾破戒罪。無問輕重。一時銷滅。縱(令往時曾)經飲酒食噉五辛。種種不淨。(今持咒後。)一切諸佛。菩薩。金剛。天仙。鬼神。不將為過。(此人一心持咒。六根無染。則現身為清淨法身矣。)設(無淨衣。就)著不淨破弊衣服。一行一住。悉同清淨。縱不作壇。不入道場。亦不(在道場中)行道。(秖心)一誦持此咒。還同入壇行道功德。無有異也。若造五逆無間重罪。及諸比丘比丘尼。四棄〔即婬盜殺妄。〕八棄〔比丘尼復加四棄。曰觸。八覆。隨。所謂第五不得與染心男相觸。第六不得與染心男捉手。捉衣。入屏處共坐共立。共語。共行。身相倚。相期等八事。第七不得覆他重罪。第八不得隨舉大僧。供給衣食。即為僧所舉。未作共住法者。不得隨彼僧所舉者。即舉訐義。通上四棄。故名八棄。〕誦此咒已。如是重業。猶如猛風。吹散沙聚。悉皆滅除。更無毫髮。

文句。問曰。經云設犯禁戒。於未受時。持咒之後。眾破戒罪無問輕重。一時消滅。今末世行人。於戒設有毀犯。為須先作法懺。後持此咒方能滅罪。為是不須作法。但一心持咒即能滅罪。悟無生耶。又或理觀未明。但持事咒。亦能滅罪。或須解行並進。然後能滅罪障悟無生耶。答曰。經云持呪之後。衆罪悉滅者。不惟為顯神呪威力。正以此呪即是密詮心性。故名之為呪心。倘覆罪而不作法。既非直心直言。那與神呪體合。其不能速除罪障明矣。至於誠心發露。後不更造。專持此呪。誓無廢缺。無論解與不解。皆有大益。解則堪與阿難並驅。不解亦堪與登伽同列。或有不作法。而但持呪者。須知更為三例。一者本無清淨師僧。可向作法。故止向像前發露。此與作法同功。二者有可向作法處。而懷愧不懺。但能永斷相續。此則稍稍滅罪。決不能悟無生。三者雖知持咒。仍犯前愆。則厥罪不滅。但有遠益而已。

(卯)六能除夙業

阿難。若有衆生。從無量無數劫來。所有一切輕重罪障。從前世來。指障累積深厚。未及懺悔者。若能讀誦書寫此咒。身上帶持。若安住處莊宅園館。如是積業。猶湯銷雪。顯此神咒妙用。不可思議。所謂千年暗室。一燈能破。豈獨滅罪哉。不久皆得悟無生忍。

(卯)七能滿衆願

復次阿難。若有女人。未生男女。欲求孕者。若能至心憶念斯咒。或能身上帶此悉怛多般怛囉者。便生福德智慧男女。顯此咒心具福足慧足也。求長命者。即得長命。顯此咒心不生不滅也。欲求果報速圓滿者。速得圓滿。顯此咒心。是無上頂法也。身命色力。即表命中別報。謂福德為身。智慧為命。體潤曰色。勇健曰力。凡有求者。亦復如是。如所願故。生時持咒。隨心自在。而命終之後。亦隨願往生十方國土。得見諸佛。又以此咒心。諸佛無比之法。處處稱尊。而必定不生邊地下賤。何況雜類形貌。

（卯）八能護國界

阿難。若諸國土州縣聚落。饑荒。即饑饉劫。疫癘。即疾疫劫。或復刀兵。即刀兵劫。賊難鬬諍。此句是刀兵因。蓋三災現也。兼餘一切危難。

之地。[即水火等難處]爲此神咒。安城四門并諸支提。[此云可供養處]或脫闍上。[此云幢]令其國土所有衆生。奉迎斯咒。禮拜恭敬。一[誠也]心供養。[指香華幡蓋等供養。]令其人民各各身佩。或各各安所居宅地。一切災厄。悉皆消滅。阿難。[以此咒心。是四時之宗。萬象之主。一切]在在處處國土衆生。隨有此咒。[請佛歡喜。故]天龍[得益。亦生]歡喜。風雨順時。五穀豐殷。兆[衆也]庶[多也]安樂。[此咒不但鎮土。安寧兆民樂業。]亦復能鎮一切惡星。隨方變怪。[此等皆宿生妄業所感。由咒力而除宿生之]災障[故]不起。[也。由持咒力。故]人無橫[災。]天[七。]杻械。[杻械。桎梏也。說文徐注。在足曰桎。在手曰梏。]枷鎖不著其身。晝夜安眠。常無惡夢。阿難。是娑婆[世界衆生。由八萬四千煩惱所感。而]有八萬四千災變惡星。順則變災為福。逆則變福為災。故曰人事應乎下。天道應乎上。爻象動乎內。吉凶見乎外也。其中二十八大惡星。或云四方各七。而為諸星上首。復有八大惡星。或云即五行。及羅計字星。以為其眾星之主。作種種形。或吉或凶。出現世時。能生眾生種種災祥變異。有此咒心之地。則天地合德。日月合明。四時合序。鬼神合其吉凶。故諸惡悉皆銷滅。自有咒之地外遠至十二由旬。成結界地。是以諸惡災祥。永不能入其境。

㊀三結勸

是故如來宣示此咒。於未來世。保護初學諸修行者。入三摩地。身心泰然。得大安隱。更無一切諸魔鬼神。及無始來。冤橫宿殃。舊業陳債。來相惱害也。汝及眾中.諸有學人.及未來世諸修行者.欲求感應,須具四法.一須依我壇場軌則.二須如法持戒.三須所受戒主逢清淨僧.四須於此咒心不生疑悔.四法有缺,而謂如來妄語其可乎哉如是善男子.於此父母所生之身.不得心通.長水疏:心通通達位也.如前一百日內.有利根者.獲須陀洹.即是生身獲忍也.依法而行.不得忍者十方如來.便為妄語.

㊣王 三護法述願二.初八部眾.二菩薩眾.

㊣癸 今初

說是語已.會中無量百千金剛.一時佛前合掌頂禮.而白佛言.如佛所說.我當誠心保護如是修菩提者.

爾時梵王并天帝釋.四天大王.亦於佛前.同時頂禮.而白佛言.審猶果也有如是修學善人.我當盡心至誠

保護。令其一生所作。身心取證及事事如願也。復有無量藥叉大將諸羅剎王。富單那王。鳩槃荼王。毘舍遮王。頻那夜迦。諸大鬼王。及諸鬼帥。亦於佛前合掌頂禮。我亦誓願護持是人。令菩提心速得圓滿。復有無量日月天子。風師。雨師。雲師。雷師。并電伯等。師伯亦主宰統尊之稱也。年歲巡官。長水疏逐年巡察世間善惡者為巡官。實珠即四值功曹之類。及諸星眷屬。亦於會中。頂禮佛足。而白佛言。我亦保護是修行人。安立道場得無所畏。復有無量山神。海神。川嶽主也。一切土地。地祇也。水陸空行。舉三界該衆多也。萬物精祇。如主樹木苗稼神等。以土皆有形之類也。并風神王。即王風神也。無色界天。無業果色。皆無形類。

伏佛威光。暫能現身。於如來前，同時稽首而白佛言，我亦保護是修行人，得成菩提，永無魔事。

文句八部外護，不出二世間主，金剛梵釋，四王鬼帥等，都是眾生世間，日月天子，乃至風神王等，即是器世間主，無色界天，亦屬眾生世間，但權教中尚無聽法之事，況能護法，今是圓極法門，故能令彼稱性發願也。

通議此諸神守護也，華嚴列眾，皆是毘盧遮那海印三昧，威神所現，各得如來一種三昧，以為法界所統故，今此咒心，乃法界心印，故凡所在處，諸神守護。正如大將兵符。符到令行。諸人皆得而左右之。況如來不思議力乎。

㊅二菩薩眾

爾時八萬四千那由他恒河沙俱胝金剛藏王菩薩。正勝證究竟堅固之理。故稱金剛。密跡護持。故稱藏。慈威尊勝。折攝並行。故稱王。各承願力。在大會中。即從座起。頂禮佛足。而白佛言。世尊。如我等輩。所修功業。久成菩提。顯本也。不取涅槃。常隨此咒。救護末世修三摩提正修行者。敘跡也。世尊。如是修心求正定人。若在道場。及餘經行。處。我等當保護之。乃至或時散心。而未定。遊戲聚落。我等徒眾。常當隨從侍衛此人。不令魔得其便。

雖是菩薩深慈，於持咒人，亦當自生尊重，勿見棄菩薩可也。縱令魔王，大自在天，求其方便，終不可得，諸小鬼神，去此善人十由旬外，除彼鬼神發心樂修禪者，而得親住如來座下，護持咒者，方得近其行人，世尊，如是惡魔，若魔眷屬，欲求侵擾是善人者，我以寶杵殞碎其首，猶如微塵，恒令此人，所作皆如願所證也。文句此為內護，即是正覺世間主也，久成菩提，則三覺已圓，更無餘惑，不取涅槃，則同流九界，不復更滅，諸大菩薩，果後行因，大悲大願，類皆若此，寶杵殞碎魔首者，摧邪顯正，法應爾故，或慈或威，如父母故，一折一攝，皆拔苦故，性惡法門，善巧用故，從第四卷請入華屋至此，是第二大科示不生滅為本修因妙三觀門竟。

(乙)三明正助行所成伏斷圓三德位三：初申請，二讚許，三正說。(丙)今初

阿難即從座起，頂禮佛足，而白佛言：我輩愚鈍，好為多聞，於諸漏心，未求出離。今蒙佛慈誨，得正熏修，身心快然，獲大饒益。世尊，如是修證佛三摩提，者，從始至終，皆以佛知佛見而為修行，所謂名字佛三摩提，乃至究竟佛三摩提也。未到涅槃，言涅槃者，乃究竟圓極之果也。云何名為乾慧之地，一問 乾慧者，最初觀行之因也。四十四心，二問 即指信、住、行、向，及四加行。至何漸次，得修行目，者，問在四十四心之後，答在乾慧地

刳（苦胡切，音枯，剖也。）

前。（正顯此三漸次，乃是始終能歷之行，不局初心也。）詣何方所名入地中？（三問）云何（四問）名為等覺菩薩？作是語已，五體投地，大眾一心，佇佛慈音，瞪瞢瞻仰。

(丙)二讚許

爾時世尊讚阿難言：善哉善哉，汝等乃能普為大眾，及諸末世一切眾生，修三摩提，求大乘者，請始從於凡夫，終（則極於）大涅槃（果。欲我預為）懸（遠指）示無上正修行路。汝今諦聽，當為汝說。阿難大眾，合掌刳心，默然受教。

文句刳心者，剖去九界情見，虛受佛界因果也。

(丙)三正說二：初總明三德，二別示迷悟。

(丁)初中二。初明理絕名相。二明因妄立真。

(戊)今初

佛言。阿難。當知妙性第一義諦之體。法身德也。**圓明**照窮法界之相。般若德也。**離諸名相。**不可以一切名而名目之。不可以一切相而表示之。無障無礙之用。解脫德也。**本來無有世界。**即是十界依正。當體元不可得。蓋既無同居方便實報三土之相。則寂光之相。亦復不可得也。本來無有**衆生。**即是十界假名。當體元不可得。蓋既無九法界之名。則佛界之名亦復不可得也。然此妙性。正是直指現前介爾心性。本自如斯。非指最初以為本來。而謂在昔元無。於今妄有也。蓋現前一念介爾之心。本自不可思議。法爾恒然。故稱妙性。本自豎窮橫徧。了了常知。故稱圓明。本自具足十界依正諸法。而十界依正諸法。均不可以名狀。此心故稱離諸名相。本來無有世界衆生也。尚不能直下薦取。歸諸空劫以前。則迷頭認影。辜負圓音甚矣。又復應知約於心法。點示三德。既爾。約諸佛法。及眾生法。點示三德無不皆然。以一一佛法。一一眾生法。無不皆是妙性圓明無不皆自離諸名相故也。思之思之。

（戊）二明因妄立真

因妄有生。非謂實有所生。意顯秖因迷妄。所以非生。妄謂有生耳。因其非生。妄見有生。所以非滅。妄見有滅。生滅二俱名妄。了知生滅二妄俱不可得。性本寂滅。強名為真。是稱如來無上菩提及大涅槃。二種轉依之名號也。蓋眾生迷此現前一念之性著相計名。是謂轉菩提依煩惱。轉涅槃依生死。如水成冰。如來達此現前一念之性。妙性圓明。離諸名相。是謂轉煩惱依菩提。轉生死依涅槃。如冰成水。但轉其名。元無實性。故云二轉依號也。無轉而論轉。則有名字轉。乃至究竟轉之不同。初開圓解。知一切法本不生滅。為名字轉。乾慧地為觀行轉。十信位。為相似轉。十住行向。四種加行。十地。等覺為分證轉。妙覺極果。為究竟轉九界眾生轉菩提依煩惱轉涅槃依生死則有十二類生差別佛界眾生轉煩惱依菩提轉生死依涅槃則有五十七位不同菩提是能照之三智涅槃是所照之三德又菩提屬智即般若德涅槃屬斷即解脫德煩惱即菩提生死即涅槃轉無可轉當體法界即法身德始終皆是三德秘藏不縱不橫不可思議故曰總明三德也

(丁)二別示迷悟二初明迷真起妄成十二類生顛倒法二明滅妄名真立六十聖位轉依號

(戊)初中二初叙意總明二約相別示

(己)今初

阿難汝今欲修真三摩地言真三摩地者即是大佛頂首楞嚴王三昧全性起修全修在性故言真也直詣如來大涅槃者直心正念真如始從名字乃至究竟全以佛覺用為已心中閒永無諸委曲相也先當識此眾生此二字約感業邊即是十

界假名對菩提言也.世界.此二字約果報邊即是十界五陰實法.所謂十二類生.對涅槃言.乃指眾生世間.非單指器世間也.以舉正報.必能該依報故.夫離卻眾生.無十二類.離十二類別無眾生.而皆在二種迷情顛倒之中.故須識此顛倒之因也.夫離卻菩提智.無涅槃理.離卻涅槃理無菩提智.而總由妙悟不生之體.蓋顛倒便是理即不生.而眾生於無生中妄見有生.若達此不生道理.便成名宇不生.便是名字真三摩地.乃至究竟不生.斯則如來真三摩地也.

(己)二約相別示二.初明眾生顛倒.二明世界顛倒.

(庚)今初

阿難.云何名為眾生顛倒.此具明九界眾生顛倒因也.若約第一義諦.離名絕相.則十界俱非十界.若約隨緣.染淨假名假相.則十界皆號眾生.但九界違背真性.名為顛倒眾生.惟佛妙合本體.可名不顛倒眾生耳.初文意者.阿難由性明心.性明圓故.即四卷中

通議此有者無明也所有者眾生世界也非因所因謂無明與眾生世界本無所因與之為因也能住者眾生所住者世界謂此眾生世界全一虛妄了無根本則顯眾生世界之本無也謂一真法界本無所住之相本此無

所謂性覺必明也因明發性即所謂妄為明覺也性妄見生即所謂因明立所所既妄立生汝妄能也從畢竟無成究竟有即所謂無同異中熾然成異也此妄有所有之眾生世界非因所因即所謂迷本無因也言秖由本性真明之心其性本明圓故然但有性德未有修德故因而明發於性性中之妄見忽生遂從畢竟無中妄成究竟有柏然而此有所有當體虛妄如空中花如夢中物實非因於所因即令住所住相亦復了無根本不過本此無住建立世界及諸眾生耳此明眾生顛倒而兼及世界者正顯世界與眾生秖因一迷更無二法故也次文意者迷於本性圓明之體是生虛妄是故妄性本無自體亦非更有所依彼權乘菩薩及二乘人將欲捨妄復真欲真已非真真如性矣況魔外等以非真而求復不宛然盎成非相乎第三文意者意顯生住心法本無自生由諸眾生及三乘魔外等

住之真，建立眾生世界之妄法耳。是所謂從無住本，立一切法也。

通議生力發明，即六麤中智相相續也。熏以成業，即執取計名字也。同業相感，即起業繫苦也。若了無明本空，則生死頓絕，故指妄元無因，為觀行之要耳。

於此**非生非住非心非法**。通議言生住該異滅，言心法該身受意，謂本無生滅之眾生也。今於本無之中，而妄見有生有住有心有法之眾生相，從此虛妄**展轉發生**，積久而愈有力，由此**生力發明**。故六麤相顯，以無明不思議**熏以成業**。性既因發，業則有潤生，故**同業相感，因有**此所**感**之**業，相滅相生，由是故有**九界**眾生顛倒**。從此非有妄成有矣。夫非生而妄見有生，乃至非法而妄見有法，此即是惑也。生力發明，即由惑以起業也。同業相感，即由業以招報也。若於無生無住無心無法性中，妄見有同居三界生住心法，是見思惑，熏成有漏善惡不動諸業，感於同居分段滅生。若於無生無住無心無法性中，妄見有方便三界生住心法，是塵沙惑，熏成無漏偏真之業，感於方便變易滅生。若於無生無住無心無法性中，妄見有實報三界生住心法，是無明惑，熏成亦漏亦無漏業，感於實報變易滅生。又不知同居方便實報三土生住心法當體即空，是見思惑。不知三土生住心法種種假名，是塵沙惑。不知三土生住心法全體中道。是無明惑。乃至由惑起業。由業招報。故有九界眾生顛倒相也。

庚二明世界顛倒二。初約因標名。二約果釋相。

辛今初

阿難。云何名為世界顛倒。此即牒上眾生顛倒之因而為世界顛倒之相也。上云此有所有。非因所因。住所住相。了無根本。今牒上此有所有一句。而成界。牒上非因所因三句。而成世。言是妄有所有。則分段之形妄生。因此而四方之界遂立。然此妄有既非因於所因。則便無住所住。故復遷流不住。因此而三世之相遂成。即此三世與彼四方和合。互相涉入。因此不思議熏不思議變。故變化眾生。成十二類。是故十二類眾生世界。皆由一念無明之所熏變。然一念無明不覺。而心動。因動有聲。因聲有色。因色有香。因香有觸因觸有味因味知法六塵頓具而六亂不次之妄想紛然夫妄想惑也成業性之故則惑為業根業為報本報復起惑如惡叉聚永不相離矣然遠論動源過在無始近而論之只是當念一念不生六妄自息惑業苦三如華滅空故曰顛倒不生斯則如來真三摩地也色聲香味觸法互為緣起互具互生舉聲為首必具六塵舉色舉香無不咸爾約塵對根名為十二區分由此輪轉十二類生中捨生趣生無有停止也是故眾生世間由不達此色聲香味觸法之自體虛妄毫無實性而固執之乃起惑造業為十二類而受生之因故窮十二類之變態為業性之一旋復言旋復者周而復始也是知一念妄想則為十二類生因所謂熏以成業不待更造而生死苦果念念相隨之矣豈不痛哉乘此輪轉顛倒之因相故是有世界卵生胎生濕生化生有色無色有想無想若非有色若非無色若非有想若

非無想也。是故十二類生。類類互具。類類互生。乃至等覺以下。一分微細無明未斷。則於十二類中。各各尚有一分生因未盡。故此十二類生。世界顛倒之相。敵體與大涅槃相翻。正所謂迷時轉涅槃依生死。則有地獄分段生死。乃至菩薩變易生死。悟時轉生死依涅槃。則有名字涅槃。乃至究竟涅槃。是故下文十二類生之相。一往雖似但約欲界。仍須約事約理。兼約界內界外以申明之。乃與後文重重單複十二。方盡妙覺成無上道之旨合也。

㊇二約果釋相二。初別明。二總結。

㊈初別明十二。初卵生相。至十二非無想相。

㊉今初

阿難。由因世界虛妄輪迴動顛倒故。和合氣成八萬四千飛沉亂想。如是故有卵羯邏藍流轉國土。魚鳥

龜蛇、其類充塞、

文句、世界者、指五陰實法也、虛妄者、惑也、動者、業也、氣及飛沈、報也、卵惟想生、故云虛妄、惑為業報之本、故號輪迴、想多掉舉、故稱為動、業必由惑、故言顛倒、卵以氣交、如雄鳴上風、雌鳴下風之類、故云和合氣成、各由八萬四千煩惱感變、故云八萬四千飛沈亂想、羯邏藍、此云凝滑、即是羣卵受生初位、鳥為飛類、魚及龜蛇皆是沈類、充塞者、豎窮橫徧也、約義申明者、見思虛妄、塵沙虛妄、無明虛妄、即是分段變易二輪迴本、惡動、善動、有漏動、無

漏動。二邊動。皆是顛倒業相。人畜男女氣分。色無
色界禪定氣分。方便涅槃氣分。出假神通氣分。中
道佛性氣分。散亂為飛。昏昧為沉。觀慧為飛。靜定
為沉。空觀為飛。體真止為沉。假觀為飛。方便隨緣
止為沉。中觀為飛。息二邊分別止為沉。見思卵殼。
塵沙卵殼。無明卵殼。以要言之。九界皆名卵生。惟
佛破無明殼。定慧平等。不飛不沉。永滅妄想緣氣
習影。寂然不動。不顛不倒。真實常住。非卵生也。又
佛永斷微細卵生生因。而能示現九界卵生。又卵
生顛倒。本自不生。達此不生之理。從名字斷至究

竟斷故有五十五位真菩提路也又九界眾生不知諸法體是虛妄誤為真實是故不能神通自在轉變由心不能動於法界不能和合自心所現十界氣分示現十界種種飛沉惟佛徹證虛妄之性善巧輪迴變動法界以九界為佛界以佛界為九界和合九界中佛界氣分示現佛界飛沉和合佛界中九界氣分示現九界飛沉是故惟佛如來名為究竟卵生眾生是究竟魚究竟鳥究竟龜蛇一究竟一切究竟則是顯出卵生實性方成佛道蓋虛妄輪迴是般若實性動顛倒是解脫實性氣及

飛沉是法身實性、又虛妄及動氣及飛沉、皆即中故、名為妙性、皆即空故、名為圓明、皆即假故、離諸名相、如此顯出實性、則有名字顯出、乃至究竟顯出成妙覺也、下皆准知不復具說、

㊇ 二胎生相

由因世界、雜染輪迴、欲顛倒故、和合滋成八萬四千橫豎亂想、如是故有胎遏蒱曇、流轉國土、人畜龍仙其類充塞、

文句、胎因情有、感名雜染、綢繆愛戀、業名為欲、精血雜和、報名為滋、遏蒱曇、此云皰形、二七日位、胎

卵漸分之相也、人仙是竪、畜龍是橫、約義者、見思雜染、塵沙無明雜染、男女欲愛、味禪欲愛、偏真欲愛、神通欲愛、但中欲愛、精血為滋、十支為滋、無漏法味為滋、出假法味為滋、中道法味為滋、性中三德為橫、修中三德為竪、因中三德為竪、果上三德為橫、此是所斷也、如外無智、智外無如、以為雜染法喜之妻、以為欲愛、三諦法味為滋、六而常即為橫、即而常六為竪、此是所顯也、

㊐癸 三濕生相

由因世界、執著輪迴、趣顛倒故、和合煖成八萬四千

翻覆亂想。如是故有濕相蔽尸。流轉國土。含蠢尺尹切蠕而兗切同蝡動。貫珠如醯鷄蠛蠓之類。按列子天瑞篇。醯鷄虫名。而生乎酒。釋文注。此因酸氣而生。蠛蠓蟲名。爾雅釋蟲注。小蟲似蚋。而喜亂飛。列子殷湯篇。春夏之月。有蠓蚋者。因雨而生。見陽而死。其類充塞。

文句。濕以合感。感名執著。附勢趨炎。業名為趣。火水相成。報名為煖。所趣無定。名為翻覆。蔽尸此云軟肉。濕生之初相也。約義者。見思執著。塵沙無明執著。趣有。趣空。趣邊。趣中。同居煖相。方便煖相。實報煖相。有所翻向。必有所覆。背見思。潤生塵沙無明潤生。潤名濕相。此是所斷也。究盡諸法實相。方可執著。隨舉一法。一切法趣。是趣不過。一切諸法中。悉有安樂性。善巧觀察。猶如鑽火。欲然其木。便有真諦煖相。俗諦煖相。中諦煖相十界俱即為翻十界俱非為覆。心心流入薩婆若海。與佛如來法流水接名為濕相。此是所顯也。

㊮四化生相

由因世界。變易輪迴。假顛倒故。和合觸成八萬四千新故亂想。如是故有化相羯南流轉國土。轉蛻舒芮切飛行。如雀化為蛤轉飛為沉也。蜣蜋之化蟬轉行為飛也。其類充塞。

文句。無而忽有革貌易形。皆名為化。化以離應感名變易。反覆不實。業名為假。隨其所遇。報名為觸。新是所趣。故是所脫。羯南。此云硬肉。化生之初相也。約義者。見思變易。塵沙無明變易。因成假相續假。相待假。同居諸觸。方便諸觸。實報諸觸。界內界外傳傳為新。傳傳為故。業化。願化。意生化。此是所斷也。不變隨緣。名為變易。一假一切假。三諦皆假。大般涅槃。八自在觸。惟心所現為新。因心成體為故。乃至無記化化。此是所顯也。

㊇五有色相

由因世界。資中疏事日月水火和合光明。堅執不捨。障隔不通。名為留礙輪迴。障顛倒故和合著成八萬四千精耀亂想如是故有色相羯南（苟逢明着愛此受生名色相羯南）流轉國土休咎精明（日月星辰之類吉者為休凶者為咎至於爝火蚌珠皆此精明之因）其類充塞文句妄想堅執惑名罣礙質滯不通業名為障精明顯耀報名為著上則日月星辰為祥為孽下則蚌珠螢火為瑞為妖皆名有色也約義者見思罣礙塵沙無明罣礙有漏障偏空障二邊障幻色顯著涅槃顯著神通顯著有漏色無漏色如幻色此是所斷也性相常住名為罣礙遮障惡道遮障有漏遮障二邊名之為障真諦顯著俗諦顯著中諦

顯著名之為著。乃至真善妙色。此是所顯也。

㊀六無色相

由因世界（資中疏。由迷惑不了。厭壞色相。思無邊空。色盡心亡。厭空絕想。沈冥幽隱。即無色外道之類。故惑名）銷散輪迴惑顛倒故。和合暗成八萬四千陰隱亂想。如是故有無色羯南。流轉國土。空散銷沉。（貫珠。謂將此身心銷磨沉沒。散滅於空。又有感業昏重。形色消滅。體合空昧。識附陰隱。亦空散銷沉之類。環師所謂即主空神。鬼。旋風旱魃也。）其類充塞。

文句。厭有著空。滅身歸無。惑名銷散。迷漏無聞。不達空理。業名為惑。依晦昧空。報名為暗。難可見聞。故名陰隱。相是頑鈍。仍名羯南。空散銷沉。不專指於無色四天、大凡川谷幽險、黑暗諸處、所有虛空神等、皆其類也、約義者、銷散形色、銷散涅槃、銷散二諦、迷惑真空、迷惑妙有、迷惑中道、頑空暗、偏空暗、但中不具諸法暗、此是所斷也、銷散見思、銷散塵沙無明、猶如幻師、能惑一切、引誘諸子、置秘密藏、我亦不久自入其中、此秘密藏義之如暗、亦名第一義空、即是所顯也、

㊀癸 七有想相

由因世界、罔象輪迴、影顛倒故、和合憶成八萬四千潛結亂想、如是故有想相羯南、流轉國土、神鬼精靈

資中疏蹈跡附影皆從憶想分別論因或如外道凡夫祠禱神明存形立影終身奉事志慕靈通精靈嚮附因果相酬乃生其類故 其類充塞

文句似有若無惑名罔象蹈跡附影業名為影幽潛之中妄結狀貌並因同分虛妄憶想之所構成報名為憶無有實色但有想相而已約義者見思罔象塵沙無明罔象有漏業影無漏業影二邊業影同居憶想方便憶想實報憶想此是所斷也得理之智名為罔象法界諸法一切如影正徧知海從心想生名之為憶此是所顯也

㊖八無想相

由因世界愚鈍輪迴，癡顛倒故，和合頑成八萬四千枯槁亂想。如是故有無想羯南，流轉國土，精神化為土木金石。資中疏：外道計無情有命，金石堅牢，或乃習定灰凝，思專枯槁，心隨境變，化物成身，用無識為真修，將頑愚為至道。乃至如華表成精，黃頭化石，土木精怪之類。按谷響云：劫毘羅，此云黃頭，恐身死，往自在天問。天令於頻陀山取甘子食，可延壽。食已，於林中化為石，如然有不違者，書偈問石，石上書偈答。問後為陳那菩薩斥之，其石即裂。千年華表，見張華博物志。此等並心祈報質，非畢竟無情，報盡入輪，如無想天墮。其類充塞。

文句：不了諦理，惑名愚鈍，固守頑礙，業名為癡，無知質礙，報名為頑。雖云枯槁，仍是亂想，以其心外無法，法法唯心故也。約義者：見思愚鈍，塵沙無明愚鈍。有漏癡。偏空癡。二邊癡。分段頑。變易頑。無有三諦法流所潤。故名枯槁。此是所斷也。於一切法不分別。名爲愚鈍。無所取捨。名癡。三諦之理。常凝不變。名頑。惑業苦三。不復生長。名爲枯槁。此是所顯也。

㊣癸 九非有色相

由因世界。要解。本非有色。待物成色。不能自用。待物有用。故惑名相待輪迴。僞顛倒故。和合染成八萬四千因依亂想。迷失天真。綿著浮僞。彼此異質。緣染相合。故曰因依。如是故有非有色相成色羯南。流轉國土。諸水母等。以蝦爲目。爾雅翼。水母亦名蛇。或名鮓。生東海。正白濛濛如沫。又如凝血。縱廣數尺。有智識無頭目處所。故不知避人眾鰕附之。隨其東西。資中疏。有情身內八萬戶蟲。並是此類。攬物成體。假食於他。不從自類受身。故名非有色相等。

其類充塞。

文句。巧偽假托。惑名相待。無有真實。業名為偽。所取羶穢。報名為染。彼此異質。相為因依。如水母等以水沫為體。以蝦為目。本非有色。待物成色。不能自用。待物有用。又水母因蝦而得行。眾蝦依水母而得食。故云因依亂想也。約義者。根塵相待。空有相待。中邊相待。有為如幻。故偽。無為不實。故偽。界內染。界外染等。此是所斷也。理函智蓋。名相待。法無自他等實性。名偽。法身和功德。猶如水銀和真

金故名為染此是所顯也

㊂十非無色相

由因世界相引輪迴（貫珠謂以邪語邪業牽引人者）性顛倒故和合呪成八萬四千呼召亂想（若今之書符捻訣呼召鬼神之類）由是故有非無色相無色羯南流轉國土呪詛厭生（通議即今樟柳耳報之類）其類充塞

文句互相引發惑名相引習以成種業名為性音聲呼召報名為呪本非無色今詛令無色而密召用之也約義者見思相引塵沙無明相引惡性善性有漏性無漏性世間呪出世間呪等此是所斷

也。三車引犬車引緣因性了因性無上咒無等等咒此是所顯也。

㊀十一非有想相

由因世界合妄輪迴罔顛倒故和合異成八萬四千迴互亂想如是故有非有想相成想羯南流轉國土彼蒲盧等異質相成其類充塞。融室云二物共迷其性名曰合妄負他有情之物以成己子誣罔於他成罔顛倒罔他則取異為同同他作己故曰異質相成也

文句二妄相合惑名合妄性情虛假業名為罔彼此不同報名為異本異而迴互令同故名迴互亂想蒲盧桑蟲也細腰諸蜂不能自育取而咒之不

久成蜂，本來非有蜂想，而今忽成蜂想也。約義者，見思妄，塵沙無明妄，有為法是罔，無為法亦是罔，界內異質，界外異質，此是所斷也。此見及緣，元是菩提妙淨明體，故名合妄，見與見緣，并所想相，如虛空華，故名為罔。十法界性，融成一性，名和合異，九界眾生，皆稱弟子，名為迴互，此是所顯也。

㊀癸 十二非無想相

由因世界，怨害輪迴，殺顛倒故，和合怪成八萬四千食父母想，如是故有非無想相，無想羯南，流轉國土，如土梟等，梟，堅堯切，音驍。說文：不孝鳥也。附塊為兒，及破鏡鳥，以毒樹果抱為其子，子成，父母皆遭其食，其類充塞。孤山曰：土梟、破鏡。按史記孝武本紀云，祠黄帝用一梟鏡。孟康曰：梟，鳥名也，食母；破鏡，獸名也，食父。黄帝欲絶其類，使百祠皆用之。破鏡如貙而虎眼。正脉今云鳥，恐譯人誤，或鳥字合作等字，後人妄改耳。

文句：懷怨謀害，惑名怨害，斷彼軀命，業名為殺。殄毒變常，報名為怪。塊果為皃，非無子想，子食父母，出於意想之外也。約義者，見思怨害，塵沙無明怨害，事殺理殺，同居中怪食真諦父空智母，方便中怪食俗諦父道智母，實報中怪食中諦父種智母，此是所斷也。弑無明父，害貪愛母，護生須是殺，殺盡始安居，怨害為法界，一切法趣怨害，是趣不過。

此是所顯也

㊣ 二總結

是名衆生十二種類

大佛頂如來密因修證了義諸菩薩萬行首楞嚴經易知錄卷第七終

蓮生 法師各助洋拾弍元正

可一

森演 海藏 靜密 智圓 青幹 寶訓 宏璨

竹溪 利深 善定 妙德 無逸 普惠 月定

良因 法師各助刻印洋拾元正

大佛頂如來密因修證了義諸菩薩萬行首楞嚴經易知錄卷第八

南嶽祝聖沙門釋默庵治定

戊二明滅妄名真立六十聖位轉依號三、初總明三漸次為能轉之行、二別明諸位次為所轉之號、三合結諸位次由三行而成。

己初中二、初結前生後、二標列正明。

庚初又二、初結前生類互具、二生後對治法門。

辛今初

阿難、如是眾生、一一類中、亦各各具十二顛倒、猶如捏目、亂華發生、顛倒妙圓、真淨明心、具足如斯虛妄亂想。

文句。猶如捏目二句。是先立喩。顚倒妙圓二句。是以法合也。顚倒二字。合上捏字。妙圓真淨明心。合上目字。具足如斯虛妄亂想。合上亂華也。現前一念介爾之心。不可思議。故妙。豎窮橫徧。故圓。本無虛妄。故真。本無染汙。故淨。洞徹虛靈。故明。雖在顚倒亂想之中。而其體如故。亦如雖由捏見亂華。而目體仍如故也。惟其目體如故。故一停其捏。依然清淨。惟其心體如故。故顚倒不生。斯則如來真三摩地。

通議今修證佛三摩提不必別求即就衆生本因元所亂想立三漸次

㊀辛 二生後對治法門

汝今修證佛三摩提言佛三摩提者別則獨指耳根圓通通則二十五境凡是先開圓解依解起行皆名佛三昧也**於是本因元所亂想**指於所觀之境也別則耳根門頭所有五疊渾濁通則一切陰入處界大等虛妄之相皆是也**立三漸次方得除滅**言三漸次者乃能觀之觀即是正助兩行也**如淨器中**淨器者通喻陰八處界大等之性本如來藏妙真如性別則意指耳根聞性為淨器也**除去毒蜜**毒蜜者總喻見思塵沙無明惑染也**以諸湯水**總喻觀慧正行也**幷雜灰香**總喻持戒誦咒等助行也下文第一第二漸次即是助行第三漸次即是正行正助合行器方清淨故曰**洗滌其器後貯甘露**不死妙藥以喻無上菩提及大涅槃即是所顯圓融三德之理性也此之喻意有豎有橫言豎意者除去毒蜜即是先開圓解不隨分別三種相續湯水灰香洗滌其器即是次起圓行以三漸次永斷三緣

後貽甘露。即是顯圓三德證入五十七位也。言橫意者。始從名字。終於究竟。位位各論除毒滌器貽所謂名字除毒。名字滌器。貽於名字甘露。乃至究竟除毒。究竟滌器。貽於究竟甘露也。又除助因。即是除毒密所謂事辛。理辛。事毒。理毒。皆悉除斷。刳正性。即是滌淨器。所謂其心不事淫。不理淫。不事殺。不理殺。不是事盜。不理盜等。則器方純淨。違現業。即是貽甘露。所謂旋元自歸。乃至如來密圓淨妙。皆現其中也。是知事雖云漸。理本至圓。由圓理故。事亦圓妙。世人不達。謂是圓漸法門。未是圓頓。誤矣。誤矣。

(庚)二標列正明二。初標列。二正明。

(辛)今初

云何名為三種漸次。一者修習除其助因。二者真修刳其正性。三者增進違其現業。

(辛)二正明三。初除助因。二刳正性。三違現業。此三漸次。從淺至深。通因徹果。直以三法為能增進。

五十五位為所增進、故後結云、如是皆以三增進故、善能成就五十五位真菩提路、然則二種生死、皆有助因、皆有正性、皆有現業、事辛、理辛、事淫、理淫、乃至見思流、塵沙流、無明流、豈可但作名字位中解釋而已、觀第二漸次便明五通第三漸次便明無生法忍、豈非淺深同說法耶、

㊀初除助因

云何助因、阿難、如是世界十二類生、不能自全、依四食住、所謂段食（者、變壞為相、謂香味觸三、於變壞時、能為食事、以變壞時色無用故、）觸食（者、觸境為相、謂有漏觸、裁取境時、能為食事、如眼以睡為食、耳以聲為食、乃至身以溫涼諸觸為食、）

皆有滋養義故。**思食**者。希望為相。謂有漏思。希可愛境能為食事。如色界禪思。乃至小兒懸視灰囊。謂是飯食。得不死等。**識食**者。執持為相。謂有漏識由段觸思勢力增長能為食事。乃至第七末那無始以來。念念執持第八識之見分為內自我。從生至生。命根終不斷故。**是故佛說一切眾生。皆依食住。**欲界人天。及畜生等。具足四食。段食為首。鬼及色天。無有段食。具足三食。觸食為首。鬼神饗祀。但觸氣故。色界諸禪。具八觸故。空處。識處。無所有處。并無觸食。唯有思識二食。思食為首。非非想處。及無想定。無想天等。并無思食。唯有識食。無間地獄。亦唯識食。若諸二乘入滅盡定。便斷識食。故入此定。乃至七日。則起定時。必捨身命。以其四食皆斷。無可滋養故也。**阿難。一切眾生。**養生諸味。皆名為甘。損生諸味。總名為毒。**食甘故生。食毒故死。**正顯食為助生之因。不可不慎也。**是諸眾生。求三摩提。當斷世間五種辛菜**一大蒜。二葱。三韮。四薤。即藠子。五興渠。興渠。此方所無。或云即阿魏也。**是五種辛**若山若胡。

若家、若澤、名類實繁、要皆葷辛之物、切宜戒之、此熟食發婬、生啖增恚、且就人間段食言之、實則觸思識等、各有辛味、能助婬恚、又復應知欲界、以男女相染為婬、彼此相忤為恚、色無色界、以貪著味禪為婬、厭下苦麤為恚、出世二乘、以貪戀偏真為婬、厭離三有為恚、出假菩薩、以貪著萬行為婬、棄捨二邊為恚、茍可以助此婬恚者、皆五辛之流類也、如是世界食辛之人、

縱能宣說十二部經、十方天仙、嫌其臭穢、咸皆遠離、諸餓鬼等、以臭為香、因彼人食五辛之次、或於睡後、諸鬼伺便、舐其脣吻、彼食辛人、常與鬼住、天遠故福德日銷、鬼近故長無利益、是食辛人、雖修三摩地、菩薩天仙十方善神、不來守護、大力魔王、得其方便、現作佛身、來為說法、以非法毀其禁戒、讚婬怒癡、命終之後、自為魔王眷屬、受魔福

盡墮無間獄。阿難。若修菩提者。應先永斷五辛。是則名為第一增進修行漸次。

㊀二剗正性

云何正性。言殺盜婬實生死之正性。亦業果相續之根本也。阿難。如是眾生除助因已。欲修入三摩地者。要先嚴持清淨戒律。永斷婬心。不飡酒肉。以火淨而食。無啖新鮮生氣之物。防生穢觸之染。此亦杜漸之至。況有情有命。而貪食耶。淨食有五。四分律云。一火淨。乃至以火一觸也。二刀淨。以刀損壞也。三瘡淨。謂果上自有壞處也。四鳥啄淨。謂鳥啄傷也。五不中種淨。謂不任為種。或未成熟也。是中初後一種淨已都食。餘三應去子食。復有五種淨。一皮剝。謂少皮也。二剝皮。謂都剝去其皮也。三腐。謂爛壞也。四破。謂劈裂也。五瘃燥。謂自蔫乾也。又云。比丘不應噉不淨菜。不應自手作淨。不應自手作。令人作淨。應置地使人作淨，作淨已，不應不受便食。阿難是修行人，若不斷婬，及與殺生，得戒定慧，出三界者，無有是處，當觀婬欲，猶如毒蛇，則不敢狎。如見怨賊，則不敢近，近則身命自喪，婬欲亦然，若狎若近，則法身慧命即斷矣。先持聲聞四棄八棄，比丘四棄，比丘尼八棄，須要離於境緣，而身心清淨，故總名執身不動，後行菩薩清淨律儀，則是涉彼境緣，而身心清淨，故總名執心不起，否則律中制遠方便，豈不執心，大士護世譏嫌，豈不執身者耶。禁戒成就，則於世間婬心斷滅，永無相生之道，殺心斷滅，永無相殺之業，婬殺一斷，偷劫不行，偷既不行，自然無相負累，亦於世間不還宿債，事婬，理婬，事殺，理殺，事盜，理盜，乃至事酒，理酒，皆悉斷盡，是名持戒真清淨人，修三摩地，者也，不待當來，即現生父母所生之肉身，長水疏，持戒清淨，魔事不生，觀行成就，乃能發用，故得相似五眼。

不須天眼，自然觀見十方世界。眼根清淨也。貫珠，肉眼見量，即天眼通。貫覩佛聞法。耳根清淨也。貫珠，即天耳通。親奉聖旨。意根清淨也。貫珠，即他心通。得大神通，遊十方界。身根清淨也。貫珠，即神境通。宿命清淨。貫珠，即宿命通，亦意根清淨也。得無艱險，是則名為第二增進修行漸次。然未云漏盡者，為讓第三漸次故耳。集註引法華論云：眼能見大千，應是天眼，那名肉眼？智者大師通云：此是圓教位，因經之力，有勝根用，既未發真，不稱天眼，猶名肉眼，是分段之身，故稱父母所生。雖云肉眼，具五眼用。

㊀壬 三違現業

前二漸次是躡前文道場方法而為助行，今此第三漸次是躡前文圓通本根而為正行，由此正助兩行，乃成下文伏斷諸位也。

云何違現業。言違現業者，即第二決定義中所謂逆彼無始織妄

偶
合也

業流也。

阿難，如是清淨持禁戒人，心無貪婬，正顯必由前二漸次成，今第三漸次，由助行而成正行，由方便而成正修也。**於外六塵，不多流逸，**即所謂心尚不緣色香味觸，仍是方便助行之力。**因不流逸，旋**聞性之**元，**名為**自歸，**乃所謂初於聞中入流亡所之妙修也。**塵既不**為根**緣，**而**根**決**無所偶，**故**反流全一，**妙精明之體方稱**六用不行，**即是動靜二相了然不生，乃至聞所聞盡**十方國土，皎然清淨，譬如瑠璃內懸明月，身心快然，妙圓平等，獲大安隱，一切如來密圓淨妙，皆現其中，**即是覺所覺空，乃至寂滅現前也。**是人即獲無生法忍。**即是忽然超越世出世間等也。色陰破，故根無所偶；受陰破，故六用不行；想陰破，故十方皎然，瑠璃喻所觀理境，明月喻能觀妙智；行陰破，故快然安隱，妙圓平等，即是平等性智常得現前。密者，法身之理；圓者，般若之智；淨者，解脫之行。妙者。三法不可思議也。皆現其中者。正前文所謂寂滅現前。後文所謂內外湛明。入無所入也。識陰破故。即獲無生法忍。一切諸法本自不生。由於虛妄分別。幻見有生有滅。今證此不生之理。安住忍可。名為無生法忍。對前五通。此即漏盡。就事名無生。就理名寂滅。又方證名寂滅。讓果為無生。然無生寂滅二忍。皆可論於六即也。言

從是漸修。隨所發行。安立聖位

者。正顯五十七位皆以此行而為能立。所謂發名字位中正助二行。安立乾慧觀行聖位。發觀行位中正助二行。安立十信相似聖位。發相似位中正助二行。安立住行向加十地等覺分證聖位。發分證位中正助二行。安立妙覺究竟聖位也。

是則名為第三增進修行漸次。

初總明三漸次為能轉之行竟。

㊁ **二別明諸位次為所轉之號。四 初觀行轉依號。二相似轉依號。三分證轉依號。四究竟轉依號。**

㊎ **今初**

此觀行轉依名借通教義惟在圓即法華中五品弟子之位一隨喜二讀誦三講說四兼行六度五正行六度也

阿難是善男子

調柔名善質直名男若人不修正助二行則有身口麤獷見思麤獷塵沙無明麤獷是故非善若人不開圓常妙解則謂眾生去佛甚遠佛是修成非關本性又謂眾生但有正因佛性不具緣了佛性又謂眾生雖有性中三因仍須別籍修中三法方證果上三身不信心佛眾生三無差別不信眾生現行無明煩惱即了因性現在身口意業即緣因性是故非男復次自有善而非男前三教中修心之士是也自有男而非善圓教名字初心未起觀行者是也自有非善非男一切迷流是也自有亦善亦男即是此中開圓解起圓行從名字後心成觀行善男子乃至究竟善男子也

欲愛乾枯根境不偶

即是名字位中初發三漸次行功夫涸熟登五品觀圓伏五住煩惱也

現前殘質不復續生

五濁既輕當捨穢土超生同居淨土也

執心虛明

了知一切皆如來藏我法二執之心虛通明朗不復窒暗故

純是智慧慧性明

圓鎣十方界言了知現前心性本自豎窮橫徧也乾有其慧名乾慧地中川云欲乾則慧生依慧住持故名曰地欲習初乾伏惑不起也未與如來法流水接無明未斷不接中諦法流見思未斷不接真諦法流也

(庚)二相似轉依號

此即圓教十信六根清淨位也以一心三觀相似見三諦理而麤垢任運先落真俗二諦任運先現然雖云相似三諦以言三即一故非橫雖云二諦先現以舉一即三故非縱也謂即以此觀行之心緣於中道之中而流入法性遂使圓妙得以開敷從彼真妙圓境重發真妙圓信所信之妙理既是常住而能信之妙智亦復常住遂得銷我億劫顛倒想不歷僧祇獲法身故云一切妄想滅盡無餘中道純真名信心住蓋觀行位中觀於不思議境由善修故尒不思議境任運現前故名重發當知前爲

觀行發心、此為相似發心也、真性明了、即是牒上初信、一切圓通、陰處界三、不能為礙、如是乃至過去未來、無數劫中、捨身受身、一切習氣皆現在前、是善男子、皆能憶念、得無遺忘、名念心住、即是功夫勝進、由善修慈悲誓願故、所以得成憶念歷劫無遺忘也、妙圓純真、即是牒上念心、真實精明之信、發化無盡、故無始劫中生死習氣通同化為一精明也、是則習銷智明、唯以精明進趣真淨妙理、名精進心、即是功夫勝進、由善修止觀故、所以精而不雜、進而不退也、心精現前即是牒精進心、純以智慧、即是功夫勝進、由善修破法故、所以慧心增明、名慧心住也、執持智明、即是牒上慧心、周徧寂湛、寂妙常凝、名定心住、即是功夫勝進、由善修通塞故、所以定心安隱也、定光發明、即是牒上定心、明性深入唯進無退，名不退心。即是功夫勝進，由善修道品故，所以永無退轉也。心進安然，即是牒不退心。保持不失，即是功夫勝進，見思俱盡，與佛相似，故與十方如來氣分交接，由善修助道故，所以能護持正覺之法。名護法心也。覺明即指所護之法。保持，即指能護之心，此句即是牒護法心。能以妙力迴佛慈光，向佛安住，猶如雙鏡光明相對，其中妙影重重相入，名迴向心。即是功夫勝進，謂全本覺之佛性所起始覺之修，名佛慈光，令迴始覺之修向於本覺佛性，而安住之，本始相對，光影互含，了知一位一切位，一切位一位，由善修位次故，所以成此迴向心也。心光密迴，即是牒迴向心。獲佛常凝無上妙淨，即是功夫勝進，由善修安忍故，強軟諸魔所不能動，所以安住無為，得無遺失，三業俱淨。名戒心住也。住戒自在，即是牒上戒心。能遊十方，所去隨願，名願心住即是功夫勝進由善修離愛故所以無繫無著隨願去來也此十信心若約橫論豎則有理即十心乃至究竟十心若一往約豎則獨在相似轉依又於豎中論豎則是次第深入初信斷見七信斷思先顯真諦八九十信斷界內界外塵沙次顯俗諦若於豎中論橫則是一念圓成十心見於相似三諦也

(庚)三分證轉依號又分為五初明十住二明十行

三明十向四明十地五明等覺

(辛)今初此圓十住分破無明分證三德以無住法住秘藏中大品所謂入理般若名為住也

阿難是善男子以真方便發此十心牒上十信言之皆依中道稱性而修名真方便相似而證亦名為發由是心精發暉令此十用互相涉入而圓成為一心遂令三心一時圓發名發心住也言十用涉入者十乘觀法一乘攝一切乘也圓成一心者十十之法總不離現前一念也正因理心發名法身德了因慧心發名般若德緣因善心發名解脫德此三

不縱不橫不並不別名為秘密藏華嚴經云初發心時便成正覺成就慧身不由他悟清淨妙法身湛然應一切此之謂也二十五聖初證真實圓通即是此位從此以後雖有修習皆是無功用道也**心中發明如淨琉璃內現精金**即是牒上初發心住能證之智喻淨琉璃所證之理喻如精金**以前妙心履以成地**即是無功用道任運增進言即以前所發妙心踐履之以成理地故**名治地住**也智照於境境亦照智故云**心地涉知**境智歷然故**俱得明了**智照既明理境亦大盡十方際成一真境故曰**遊履十方得無畱礙**蓋境智互照妙行普周故**名修行住**也如此修行則因能肖果故云**行與佛同**因既肖果**受**果**佛**之**氣分**譬**如中陰身**此引事例理使人易知人死之時前陰已謝後陰未生中間瞥現名中陰身而**自求**同業以為**父母**托後生陰以成胎故凡眼不見冥冥一信相通故云**陰信冥通**此位菩薩前已發菩提心後未證菩提果令修行因心不過求

權實二智父母父喻權智母喻實智妙行密運融會藏性故曰入如來智種世以王種為貴
出世以佛種為貴是名生貴住也既遊道胎得為佛種乃可親奉覺胤
蓋以始覺觀照含育本覺而觀行已成故曰如胎已成同佛緣因功德相好故云人相
不缺名方便具足住也由上人相不缺故容貌如佛同佛了因智慧莊嚴
故云心相亦同名正心住也身心合成躡前表裏一如合成佛德耳緣
了互資故云日益增長唯進無退名不退住也十身靈相華嚴經所
謂聲聞身緣覺身菩薩身如來身法身智身國土身業報身眾生身虛空身又如來身復具十身所謂菩
提身願身化身力身莊嚴身威勢身意生身福德身法身智身也言前則增長此則一時具足
名童真住也又具體而微亦名童真夫始覺有功本覺乃顯故曰形成出胎親
為佛子堪紹法化名法王子住也表以成人堪紹委政引喻例明如

國大王以諸國事分委太子出則撫軍入則監國之義**彼剎利王世子長成**太子世子異其文耳春秋曰會太子於首止禮曰文王世子天子之子也**陳列灌頂**者華嚴云轉輪王所生太子母是正后身相具足坐白象寶妙金之座張大網縵奏諸音樂集諸王百僚取四大海水置金瓶內王執此瓶灌太子頂是時即名受王職位菩薩受職亦復如是諸佛智水灌其頂故**名灌頂住**也此十住位亦可云理即住乃至究竟即住今但約分證言之亦可云即俗即中之真諦現前也幽溪云初住已先名為緣修以未見佛性故登住已來名為真修以真見佛性故初住名發心此由第十願心破一品無明之功以發三德佛性之心此住但言佛性現前而已猶未加真修功行也至第二住以前妙心履以成地方以分真始覺照於分真本覺修之治之名治地住至第三住心地涉知俱得明了則始本一合始本俱忘方得遊履十方得無留礙名修行住此之二位方是真修次第功夫猶如世人先世行業既備然後進父母胎入胎之後不過長之養之充擴前功而已故四住

名生貴，五住名具足，乃至九住名法王子，皆言增長之功，不復更言進修之事，即使有之，亦不外乎始本境智也。既出聖胎，表以成人，分委道化，名灌頂住。譬如世人，承先世行業，得感為人，表表丈夫，堪付家業。至十行去，方明法王子所作事也。

㊃二明十行

此圓十行，又成十番智斷，又令三德十倍增明，即是一行一切行，於念念中，具足佛行功德也。

阿難，是善男子，成佛子已，牒上灌頂住而言之。**具足無量如來妙德，十方隨順，**是自覺圓成故，**名歡喜行**也。**善能利益一切眾生，**是善能覺他故，**名饒益行**也。**自覺覺他，得無違拒，名無瞋恨行**也。初則自覺為正，覺他為傍；次則覺他為正，自覺為傍；末免分於自他，猶是法中微細違逆。既有違拒，便名瞋恨。今二覺無違，瞋恨何有，名無瞋恨行也。由其二覺無違故，拈一自覺之行，出生一切自覺覺他法門。拈一覺他之行。亦復出生一切自覺覺他法門。是名種類出生。竪窮橫徧也。稱法界性不休不息。窮未來際三世平等。而無出沒。十方通達。而無往來。度無盡生。名無盡行也。從體起利生之用。既行行無盡。而會用歸體。則法法無差。故云一切合同種種法門得無差誤。故名離癡亂行也。全體起用。則於同中顯現羣異。全用即體故。一一異相各各見同。名善現行也。如是乃至十方虛空滿足微塵。即是同中現異之極致。一一塵中現十方界。即是異相見同之極致。界既現塵。塵復現界。塵塵界界重重無盡。現在前。不相畱礙。猶如帝網。不可思議。名無著行也。雖種種大用示。不妨束一切事理。一切體用。總是一諦。無有微塵許法。而非全體第一義諦。故云咸是第一波羅密多。名尊重行也。第一波羅密多。即是一切諸法。一切諸法。即是第一波羅密多。**如是圓融。**斯則權實不二。故**能成十方諸佛軌則。名善法行**也。若權若實。咸不思議。隨緣不變則無權非實。不變隨緣。則無實非權。故云**一一皆是清淨無漏。一真無為性。本然。故名真實行**也。此十行位。亦可云理即佛行。乃至究竟佛行。今但約分證言之。復有橫豎二義。豎則行行轉深。橫則一心圓具十種妙行。亦可云即真即中之俗諦現前也。又歡喜是圓施行。饒益是圓戒行。無瞋恨是圓忍行。無盡是圓進行。離癡亂是圓定行。善現是圓慧行。無著是圓方便行。尊重是圓願行。善法是圓力行。真實是圓智行。然十行皆不思議迴與歷別十度不同。

(辛) **三明十向又二。初正明十向。二別明加行。**

(壬) **今初**

此圓十向。更成十番智斷。更令三德十倍增明。即是於念念中。具足三種迴向。所謂迴自向他。迴因向果。

迴事向理也阿難是善男子滿足神通成佛事已牒前十行言之無間名純無染名潔無雜名精無偽名真生死是凡夫留患涅槃是二乘留患今由十住與佛同體了知生死即涅槃不住生死由十行與佛同用了知涅槃即生死不住涅槃故能遠諸留患也不住涅槃故念念當度眾生不住生死故了知實無眾生可度而滅諸度相由其度眾生故所以不證無為名曰迴無為心由其無度相故所以不染生死名曰向涅槃路是名救護一切眾生離眾生相迴向也生死涅槃皆是可壞之相故皆壞其可壞離俗離真皆是妄離之心故皆遠離諸離從此中道不壞之性常得現前名不壞迴向也本覺之理湛然現前則始覺之智齊於佛覺故名等一切佛迴向也始覺精真既已發明則本覺理地如於佛地故無往不真名至一切處迴向也地為世界

覺為如來世界是理如來是智理智融徹互相涉入得無罣礙故名無
盡功德藏迴向也證此無盡功德之藏則與佛地渾同於此渾同佛地之
地中又各各生起清淨萬行真因依此真因發揮而取涅
槃究竟真道故名隨順平等善根迴向也謂一切所作若大若小諸善
由隨順法性故皆得廣大如法界究竟如虛空平等無異咸趣薩婆若也真實善根既成了知
十方眾生皆我本性則我之心性偏能含育一切眾生而一切眾生心性亦復如是
互含互育不謂我性獨圓滿成就他性不爾故云不失眾生猶言眾生亦不
失圓滿成就之性故名隨順心性等觀一切眾生迴向也即一切
法猶前文所謂元明心妙十界俱即離一切相猶前文所謂本妙圓心十界俱非惟
即與離二無所著猶前文所謂妙明心元離即離非是即非即此則徹悟真如妙性

名真如相迴向也。既已真得所如則十方世界無非真如體相界何障礙。故名無縛解脫迴向也。性具之三德既爾圓成。則十法界之數量消滅。蓋不見其迷悟差別之相。名法界無量迴向也。此十迴向亦可云理即迴向。乃至究竟迴向。今但約分證言之。亦可云修於即真即俗之中諦。以登佛地也。

(壬)二別明加行

阿難。是善男子。盡是清淨四十一心。言四十一心者。指前乾慧及信住行向也。次成四種妙圓加行者。妙則不可思議。圓則非小非偏。亦非漸次。正顯雖借藏教之名。不同藏教之義也。夫入道要門。必由加行。統而言之。名字位中由加行故得登五品。觀行位中由加行故得淨六根。十信位中由加行故得入初住。乃至等覺位中由加行故得成妙覺。今獨於第十迴向心中開出四加行者。為顯地法尊勝故耳。一煖地者。即以初歡喜地之佛覺。用為十向始覺之已心。初地覺性。全在十向無明心中。譬如火在木中。今以十向始覺。鑽於障初地之無明。求出初地本覺智火。此火若欲出而未出。無明之木未然而將然。故猶如鑽火。欲然其木。煖相先現。名為煖地也。次頂地者。又即以十向始覺之已心。成於初地佛覺之所履。若依非依。如登高山。身入虛空。下有微礙者。蓋初地所證涅槃。猶如虛空。迴超十向變易生死之山。今下有微礙。故云若依身入虛空。故云非依。此則十向位中一分變易生死。將脫而未脫。初地位中所顯虛空涅槃。未證而將證。故名為頂地也。三忍地者。牒前佛覺用為已心。是佛與心同。已心成佛所履。是心與佛同也。心佛既其二同。則已善得中道。胸中了了。非復懷疑。惟獨自知。非有出說。故如忍事之人。非懷非出。名為忍地也。此以初地菩提涅槃。喻如所忍之事也。四世第一地者。初煖地中。用佛覺為已心。尚存已心數量。二頂地中。以已心成佛履。尚存佛履數量。此二

通 同也

皆是迷中道之數量。三忍地中心佛二同。尚存二同數量。迺是覺中道之數量。今則**數量銷滅**。

不但無**迷**。亦且無**覺**。方契**中道**之理。理無始本。故始本冥合。始本俱忘。**二無所**

目。故**名世第一地**也。蓋稱性真修。雖復極圓極頓。一念便能該因徹果。而於一念之中。

法爾亦具此四加行。即此四種加行。說雖次第。行在一時。所以名為妙圓也。

(辛) 四明十地

此圓十地。更成十番智斷。更令三德十倍增明。猶如大地荷負一切。普入三世諸佛智地。不思議一境三

諦任運現前。故名為地也。**阿難。是善男子。**既從十向後心善成四種妙圓加行。則一分障

初地之無明。豁爾頓破。故**於大菩提**性**善得通達**。能覺之菩提智德。全與佛同。名

為**覺通如來**。所覺之涅槃斷德。全與佛同。名為**盡**同**佛境界**。如三世諸佛所

應得者。我已得之。如一切眾生所本具者。我已證之。是故慶已慶人。**名歡喜地**也。地前雖斷無

明至三十品猶是賢聖，未是聖賢。名異生性登歡喜地與佛體同，名同生性。是**異性入同**也。然而對異說同，異固是垢，同亦是垢，今**同性亦滅，名離垢地**也。問曰：七護法心即云十方如來氣分交接，四生貴住即云入如來種，合至初地何又云異性入同，若初地方名同性，驗知十向尚為異性，仍是別教三賢十聖之義，如何可說惟圓位耶。答曰：圓位妙義不出六即，六而常即，故與別教三賢之位不同；即而常六，故不妨展轉說於同異。當知七心氣分交接是相似氣分也，四住入如來種是分真種也。今云異性入同，是從分證同性鄰於究竟同性也。蓋十住與佛同住，十行與佛同行，十向與佛同向，十地與佛同地，所以法華經中名此四十聖位為開示悟入佛之知見，雖復同在分證位中，不妨仍有淺深之別，開異於示，示異於悟，悟異於入，今以悟佛知見之異性入於入佛知見之同性耳。離垢則淨，**淨極**則**明**自**生**，故**名發光地**也。發光**明極**則**覺**自**滿**，故**名燄慧地**也。覺滿能照不思議即明理，既照不思議理，亦照不思議事，照理而又照事，故**一**

切同性出世之智所不能至。照事而又照理。故一切異性世閒之智。所不能至。至。及也。蓋離垢地但能泯絶同異。此乃會通同異。故世出世智。皆不能及。名難勝地也。若事若理。當體皆是無為真如性本清淨。今已昭明顯露。名現前地也。法法既皆真如。則便窮盡真如邊際。名遠行地也。夫真如。豎窮橫偏。統惟一心。安有出入。故云一真如心。名不動地也。既證真如。不動全體。必發真如隨緣大用。故名善慧地也。言善慧者。權實二智皆善也。阿難。是諸菩薩。前從初住至此。雖則皆是無功用道。仍是稱性所起修習之功。從此以往。並其無功用之修習。亦已畢功。而大智大悲功德。俱已圓滿。故亦目此九地名為修習位。若第十地。則無復自利。純是利他。故惟以慈陰妙雲覆。於眾生本有涅槃性海。而任運拔苦與樂。名之為法雲地也。夫此十地位。亦可云理即佛地。乃至究竟佛地。今但約分證言之，復有橫豎二義。豎則地地深入，橫則一地一切地，一切地地一地。譬如十大山王，同依大地。如是菩薩十種智地，惟一佛地也。

㊇辛 五明等覺

言**如來**已證法性真流，復從法性之中**逆流**而出，同流九界，以度眾生。**如是菩薩**逆生死流，**順**涅槃流之**行，而至**本覺源中。一則從用歸體，一則從體起用。譬如二人，一方入門，一方出門，各各一足在內，一足在外。是**覺際入交**。然出入雖異，體相並同，故**名為等覺**也。夫如來權智下垂，機感名為寂照；菩薩實智上合，覺心名為照寂。照寂寂照，其義亦等。所以自佛視之，尚名菩薩；自下視之，則已如佛也。分證轉依號竟。

㊇庚 四究竟轉依號

此言證等覺已，仍須用彼金剛觀智，重歷前來所證諸位，使彼見思、塵沙、無明一切習氣影子，蕩盡無餘。

乃成妙覺。阿難從初乾慧心至此等覺已，是覺始獲金剛心中初乾慧地。從此金剛乾慧重歷信住行向加行地等，凡有兩重十二，方盡妙覺而成無上道也。言如是重重單複十二者，始則一乾慧、二十信、三十住、四十行、五十迴向、六煖、七頂、八忍、九世第一、十十地、十一等覺、十二金剛心，是為單十二之一重。次則一金剛心中乾慧、二金剛心中十信、三金剛心中十住，乃至十二金剛心中之金剛後心，是為複十二之第二重。如此歷盡單複兩重十二，則無明正習方得永盡無餘，更無所斷，徹證本來心性，名為妙覺而成究竟轉依無上道也。二別明諸位次為所轉之號竟。

㊁已 三合結諸位次，由三行而成三。初總以止觀結。二正以三行結。三復以邪正結。

㊁庚 今初

是種種地，皆以金剛觀察如幻十種深喻，奢摩他中。

用諸如來毘婆舍那清淨修證漸次深入文句種種地者指乾慧地乃至妙覺地也金剛者喻能觀之智如幻者喻所觀之境一切觀智皆是稱性所起能壞一切不為一切所壞故名金剛一切境界皆是唯心所現非斷非常非空非有故名如幻也十種深喻者一幻人謂如幻人幻作種種諸物及男女等相體雖無實然有幻色可見一切諸法亦復如是無明幻作迷人不了妄執為實修空觀者於諸幻法心無所著皆悉空寂故說如幻二陽燄謂無智之人初見陽燄妄以為水諸煩惱法亦復如是無智不了於結使中妄計我相智者了知虛空誑不實皆是妄想故說如燄三水月謂月在虛空影現於水諸愚小兒見水中月歡喜欲取智人見之則笑以喻無智之人於五陰中妄起我

我所見，執為實有，於苦法中而生歡喜。然得道智人愍之而笑，故說如水中月。

四空華

表空本無華，但因瞖有。瞖病若除，空華安在。故十方若依若正，皆如空華也。

五谷響

謂深山幽谷，及空舍中，若語聲，若擊物聲，隨相應而有響生。愚人不了，以為實有。一切音聲語言，亦復如是。若有智之人，了知語音無實，心不生著，故說如響。

六乾城

即乾闥婆城，此云香陰。謂日初出時，見城門、樓櫓、宮殿，人出入。日高漸滅，但可眼見而無實有。一切諸法亦復如是。若智者則能了知諸法悉皆虛假，不生執著，故說如乾城。

七夢

謂人夢中本無實事，妄執為實，覺還自笑。一切諸法亦復如是。一切結使煩惱皆是虛妄，而人不了，執之為實。若得道覺悟，乃知虛妄，亦復自笑，故說如夢。

八影

謂影但可見而不可捉。一切諸法亦復如是。如眼耳等諸根，雖有見聞覺知，求其實體即不可得，故說如影。

九像

謂鏡中之像，非鏡作，非面作，非鏡面和合而作，亦非無因緣作。雖非實有，然亦可見，故無智不了，執之為實而生分別。一切諸法亦復如是，從因緣生，無有實體，但有名字，而起分別，誑惑凡夫，生諸煩惱，若有智之人，雖復見聞，了知無實，而不執著，故說如鏡中像。

十化。謂若諸天仙得神通者，變化諸物，雖有男女等相，而無生老病死苦樂之實，一切諸法亦復如是，無有生滅，如化而成，亦無有實，如人之生，但從先世之因，而有今世之身，悉皆虛假，何實之有，故說如化也。然諸大乘經所列稍殊，不必融會，貴在得意而已。又即如幻人一喻，通於四教，若以正因緣生，無我我所，故名如幻，是藏教意；因緣即空，故名如幻，是通教意；幻法不實，隨心轉變，假名無量，是別教意；幻即法界，一切法趣幻，幻即中道第一義諦，不可思議，是圓教意。今正取圓教意，故名深喻也。奢摩他即是一心三止，毘婆舍那即是一心三觀，言用諸如來毘婆舍那者，正是全以果覺而為因心也，全性起修，全性成證，故名清淨修證，即而常六，故云漸次，六而常即，故云深入，斯則徹果通因，總惟圓頓止觀，乃有既弘此經，復毀止觀，譬如供養帝釋，毀憍尸迦，其為愚惑亦已甚矣

(庚)二正以三行結

阿難，如是（諸位）皆以三增進，故善能成就五十五位真菩提路。

文句，三增進，即前三種增進修行漸次也，正助合行，故能成就真菩提路，言五十五位者，十信，十住，

十行十向四加行十地及等覺也始終皆以三增進故而能成就則知三行不局初心明矣乾慧是路而非真妙覺是真而非路故不說之復次乾慧雖是所成而位在觀行兼有能成之功妙覺雖亦所成而位在究竟并無所成之相故前文但曰方盡妙覺以妙覺即是眾生本有之性令徹底究竟而已如達多之頭衣裏之珠本不曾失今何所得故下文又云圓滿菩提歸無所得也

(庚)三復以邪正結

作是觀者名為正觀若他觀者名為邪觀

文句。是觀。即指如來毘婆舍那而言之也。須以三事別其邪正。一者知圓頓止觀性修不二。名之為正。否則為邪。二者知六而常即。不生退屈。即而常六。不生增慢。名之為正。否則為邪。三者知由三增進行。正助並修。戒乘俱急。名之為正。否則為邪也。

大章第三。明正助行所成伏斷圓三德位竟。

(乙)四結成經名。以彰圓體圓宗圓用　二。初文殊問

二如來答　(丙)今初

爾時文殊師利法王子。在大眾中。即從座起。頂禮佛足。而白佛言。當何名是經。我及眾生。云何奉持。

文句性修因果解行智斷，既已全彰，今欲攝別歸總，以總挈別，攝廣歸畧，以畧得廣，故請問經名，及奉持方法也。然此圓頓教行理三，自非根本實智不能徹底承當，故須文殊請問，首問經名，欲人尋名而得體，次問奉持，欲人即體以成宗，宗體既成，便有力用，故知祇是問三法耳。又名者總詮三法，經者，即指三法為經，體是理經，宗是行經，用是教經，奉持者，以此三法自行化他也。

(丙)二如來答二，初別答五名，二總答奉持。

(丁)今初

佛告文殊師利。是經名大佛頂悉怛多般怛囉無上寶印十方如來清淨海眼。亦名救護親因度脫阿難及此會中性比丘尼（婬難令彼）得菩提（因）心、入徧知（果）海。亦名如來密因修證了義、亦名大方廣妙蓮華王十方佛、母陀羅尼呪亦名灌頂章句諸菩薩萬行首楞嚴。

文句。初大佛頂三字從體立名顯密皆以大佛頂為體也悉怛多般怛囉無上寶印者顯密皆以大佛頂實相為印。而意指密詮也、十方如來清淨海眼者顯密皆是大佛頂性正法眼藏、而意指顯說也。次名救護親因者。親因。猶言親緣。如此會中阿難為親。登伽為因。一切親因。用此顯密二詮救之護之。無不得蒙度脫。必令得菩提心。入徧知海而後已。此從用立名也。三名如來密因修證了義者。以宗立名。大佛頂性。即是不生不滅真因。因該果徹。故名密因。雖亦兼指密印般怛囉義。而重在顯詮也。四名大方廣妙蓮華王十方佛母陀羅尼咒者。仍約體宗立名。單指密詮。大方廣。即是大佛頂之異名。亦是大白傘蓋異名。此則約體。妙蓮華王。是因果同時義。十方佛母是一乘因果義。此則約宗雖顯說中亦云，妙蓮華金剛王寶覺，如幻三摩提，又云金剛王，如幻不思議，佛母真三昧，而重在密詮也，五名灌頂章句諸菩薩萬行首楞嚴，從用立名，灌頂章句四字意指密詮之用，所謂果上持此咒心，能於十方摩頂授記，因中持此咒心，亦於十方蒙佛授記也，諸菩薩萬行首楞嚴一句，意指顯詮之用，由悟陰入處界七大皆如來藏，所以一心能具萬行，事事可證圓通也，餘如玄義中釋，

(丁)二總答奉持

汝當奉持，

文句奉持別無他法、只是識取名下之義、而會歸自己耳。然問中言我及眾生云何奉持、今但答汝當奉持者、正顯傳法之人、應須以身設教、汝能如法奉持、則一切眾生、自當不令而行矣。一曰克己復禮、天下歸仁、末世弘經、所當深思而力勉也。大章第四結經名竟。

(乙)五借破戒惡法為問端、而廣示七趣差別、意顯若無出世妙戒、決無出世妙慧也。三惡道及阿修羅無木叉戒、人仙欲天、無有禪戒、色無色天、乏無漏戒、無戒故無慧、不出生死、文分為二、初

申請、二示答、

㊀丙 初中二、初經家敘益、二當機正請、㊁丁 令初說是語已、即時阿難及諸大眾、得蒙如來重為開示秘密心印般怛囉無上神咒之妙義、兼聞此經五種了義名目、頓悟禪那、修進聖位、增上妙理、心慮虛凝、斷除三界修心六品微細煩惱、

文句、此之領益、其來甚遠、一則得蒙開示般怛囉義、即是前文重宣神呪、述益勸持、二則懸示修進聖位、即是能立三種增進、所立五十七位、三乃兼聞了義名目也、禪那、此云靜慮、即止觀之異名、前

文所謂奢摩他中、用諸如來毘婆舍那清淨修證是也、虛凝者觀無沈滯故虛、止無散動故凝、聞法之力資其定慧故也、三界修心所斷煩惱、共有八十一品、今阿難且斷欲界六品煩惱、證於第二斯陀含果、此約迹言之也、

(丁)二當機正請二、初讚謝、二陳疑、(戊)今初

即從座起、頂禮佛足、合掌恭敬、而白佛言、大威德世尊、慈音無遮、善開眾生微細沈惑、令我今日身心快然、得大饒益、

(戊)二陳疑三、初總疑真不容妄、二別疑地獄同別、

三結請決定開示此是阿難同體大悲懸見末世之中有妄執圓常之理謂天堂地獄總一真常而不畏惡道者有妄計法空之名而硬作主宰撥無因果者有彷佛心淨土淨之說而直云地獄無定處者有但見地獄等各有定處執為究竟實有而不達唯心者故致此問使行人解行並進不墮迷網亦扶律談常之極思也

(巳)初總疑真不容妄

世尊若此妙明真淨妙心本來徧圓如是乃至大地草木蝡動含靈本元真如即是如來成佛真體佛體

真實云何復有地獄餓鬼畜生修羅人天等道世尊此道為復本來自有為是衆生妄習生起

文句此雖總疑真不容妄然與第四卷中滿慈所問理違事難其意不同滿慈是從陰入處界文中躡成難端意謂如來藏性不應忽生諸有為相故佛須以迷真成妄妄本不生答之今文是領二種轉依道理重辨性具法門倘一轉一切轉則佛體不容更有六道倘一心本具十種法界則六道當與佛界並驅故佛須以妄想發生非本來有乃至汝妄自造非菩提咎答之文中若此妙明至本來

徧圓領前妙性圓明離諸名相而言之也本元真如即是如來成佛真體領前滅妄名真二轉依號而言之也此道為復本來自有句結成佛體真實云何復有六道之難也為是眾生妄習生起句含下有定處各私受之兩疑而問之也

㊀二別疑地獄同別

世尊如寶蓮香比丘尼持菩薩戒（本以制伏三業忽爾）私行婬欲（猶復）妄言行婬非殺非偷無有業報發是語已先於女根生大猛火後於節節猛火燒然墮無間獄琉璃大王（按貫珠琉璃大王佛在世時匿王紹位使臣求親迦維羅國釋種家時摩訶男婢出一女顏貌）

端正送與匿王後生一子名曰琉璃及年八歲與梵志子名好苦因往採外氏彼釋種五百刹利共造講堂志延佛禁一切人不許先登此堂琉璃太子不知悞登法座佛其諸釋呵曰此婢生物敢於中坐太子出語好苦曰此諸釋種辱我至此若我紹位汝當告我後琉璃紹位好苦以前事告之琉璃集兵往伐釋種佛告比丘往昔之時此羅閱城有捕魚村時世饑饉彼村有池多魚時多人向彼池中捕魚食之池中有二種魚一名麩二名多舌各懷怨時有一小兒在岸見魚跳而喜以杖打魚頭爾時羅閱人者今釋種是麩魚者琉璃王是多舌魚者梵志好苦是小兒者即我身是以是因緣琉璃王殺釋種而我頭作痛三日是謂懷宿恨也

善星比丘琉璃為匿王太子發父自立挾宿嫌故誅瞿曇族姓取萬二千釋種諸女刖劓耳鼻截斷手足推之坑塹佛記其七日當入地獄王謂佛語不虛必有此報故從海避之水中忽然火起焚舟而沒此業果之實非無因也

善星妄說一切法空善星是佛堂弟出家之後念得十八香象馱經空欲界惑感四禪定後親惡友退失斯定見後

有身生惡邪見言無佛法及與涅槃逐於泥連河側遇見佛身將起惡念生身陷入阿鼻地獄此是理路不明撥無因果由業力強內身生陷後答云非從天降亦非地出亦非人與自妄所招還自來受此業報之實非無生也又謂世界既本無住云何又有地獄此諸地獄為有一定同分處耶為復自然彼彼發業各各私受耶

文句此別舉現事以為問端正欲顯示惟心業果警三界之沈迷也寶蓮香私行婬欲則是破戒妄言無報則是破見戒見俱破直墮何疑琉璃廢父自立誅瞿曇族姓以報一言之辱既非有戒可破亦非撥無因果祇由瞋恚增上而招地獄善星妄說法空則是破見雖未破戒亦復同墮此諸地獄

明知皆是妄習生起，但未知其有定處耶，各私受耶。各各私受，即是無定處也。此雖單問地獄定處之有無，意實兼問六道。下文答以雖則自招，兼有元地。雖有定處，惟屬浮虛妄想凝結，則三界惟心之義，益彰明矣。

㊁巳 三結請決定開示

惟垂大慈，開發童蒙，令諸一切持戒眾生，聞決定義，歡喜頂戴，謹潔無犯。

文句。觀此結問，知其意在扶律矣。

㊁丙 二示答二，初讚許，二正說 ㊀丁 今、初

佛告阿難快哉此問令諸眾生一聞所示於戒無犯不入邪見而歸正道汝今諦聽當為汝說

文句妄謂六道是本來有而不可滅此是邪見妄謂六道即是性真而不須滅此亦邪見妄謂六道惟心而無定處此是邪見妄謂六道有定處而非惟心此亦邪見妄謂業性即空而不受報此是邪見妄謂業障有實而不可轉此亦邪見今由此問重為開示俾知六道皆是妄想凝結非本來有則知即性空成性具即性具是性空不入初二邪見俾知自妄所招兼有元地則知惟心三界三界惟

心不入次二邪見俾知妙發三昧永除三惑方能證妙常寂則知無我無造無受者善惡之業亦不亡若能畢故不造新滅障猶如翻大地不入後二邪見故稱快哉此問也

(丁)二正說三初總明一分二別示七趣三結示勸修

(戊)初中三初約迷真雙標二約情想別示三明純雜昇沉 (己)今初

阿難一切七趣眾生實本真淨因彼妄見有妄習生因此分開內分外分

文句內外二分止就眾生現在迷妄身心辨之尅

實不過善惡二業．而以惡為內分者．猶律中所謂俗人造罪．是其分內也．夫內分外分．祇因妄習．妄習祇因妄見．妄見更無所因．若有所因．云何名妄．故知狂華亂舞．空體依然．妄習紛紜．實本真淨矣．

㊁二約情想別示

阿難．內分者．即是眾生分內之愛染也．因諸愛染者．喜怒哀樂愛惡欲等種子也．由因最初對境起著．為愛染躭戀不捨．故發起現行之妄情．情積不休．能生愛水．是故眾生．心憶珍饈．口中水出．心憶前人．或情濃則憐其孤游．或情薄則恨其失約．故感目中淚盈．貪求財寶．心發愛延．舉體光潤貪所致也．心著行婬．男女二根．

自然流液欲心所致也阿難諸愛雖各差別而流液結縛是同故爾情愛潤濕為水流下而不升自然從墜此名內分義也阿難外分者即是眾生渴仰善想為分外也因慕諸聖境如渴之仰水蓋心懸勝槩發明虛想則神馳浩遠想積不休能生勝氣夫氣必自下而上超越分外名之為勝遂無往不達是故眾生心持禁戒無犯則消重濁之煩惱而舉身輕清心持呪印則正氣剛強無諂無諛顧盼則為雄毅心欲生天則常希上升是故夜夢之閒想自飛舉心存佛國則聖境冥然現前事善知識能自輕身命斯皆勝氣虛想所致耳阿難諸想雖有差別而能想之心任運輕舉是同故飛動不沈自然超越此名外分義也

㊁三明純雜昇沈二。初正明昇沈。二結答同別。

㊄今初

阿難一切世間生死相續。生從順習者。因惑起業。各順其習氣也。死從變流者。隨業受報。總不能自主也。臨命終時未捨煖觸。一生善惡俱時頓現。死逆生順。二習相交。蓋人當臨命終時。則死從變流之境。與生從順習之事。如此二習。當下交現。隨其善惡業力牽生。毫髮不爽也。純想無情。即輕清飛舉上昇上品十善。必生天上。若飛心中。兼福則出世戒定。兼慧則出世智慧。及與淨願則出世四宏及往生諸願等。故乘此純想善力。而得自然心開。見十方佛。一切淨土。隨願往生也。情少想多。輕舉非遠。如九想一情。即為飛仙。八想二情。為大力鬼王。七想三情。為飛行夜叉。六想四情為地行羅剎。此皆善神種族。諸天流亞。故暫時遊於四天。所去無礙。其此四類中。若有善願善心。而護持我佛之妙法。或護禁戒。隨持戒人。或護神呪。隨持呪者。或護禪定。保綏安也法忍。是等轉惡心而為八部之眾。親住如來座下。護持教法也。即五情五想均齊平等。是人道總報之業故不飛不墜。生於人間。然就均等中。或想為其主。則明斯聰。或情為其主。則幽斯鈍。乃人道別報之業也。情多想少。謂六情四想流入橫生。就六情中。復分重輕。重為毛羣。足不離地。輕為羽族。仍能飛舉也。七情三想。沈下水輪。長水疏。水輪向下至火輪際。近地獄也。生於火際。受氣分於猛火。所以身為餓鬼。常被焚燒。縱得水時。變成烊銅沸屎等。故水能害己。無食無飲。經百千劫。

法苑珠林云。婆沙論說。餓鬼正住處云。此閻浮提五百由旬之下。有餓鬼界。被閻羅王領。又五百道苦經。說此之餓鬼。正住彼鐵圍兩山中閒。順正理論云。諸鬼本住琰魔王國。從此展轉餘方。此贍部洲南邊直下。深過五百踰繕那。有琰魔王都。瑜伽第四。餓鬼趣略有三種。一者由外障礙飲食。謂彼有情。由習上品慳。故生鬼趣中。皮骨血脈皆悉枯槁。猶如火炭。頭髮髼亂。其面黯黑。脣口乾焦。常以其舌舐略口面。飢渴慞惶。處處馳走。所到泉池。為餘有情手執刀杖及以罥索。行列守護。令不得趣。或彊趣之。便見其泉變成膿血。自不欲飲。是名由外障礙飲食。婆沙云。恒常飢渴。累年不聞漿水之名。設值大河。欲飲即變為炬火。入口即腹爛焦然。二者由內障礙飲食。謂彼有情。喉或如針。口或如炬。或復頸癭。其腹寬大。縱得飲食。自然不能若噉若飲。是名由內障礙飲食。正理論云。無財鬼有三種。炬口鬼。口中常吐猛燄。身如被燎多羅樹形。鍼口鬼。腹量如山谷。咽如針孔。臭口鬼。口中腐臭。飢渴狂叫。三者飲食無有障礙。謂有餓鬼名猛燄鬘。隨所飲噉。皆被燒然。復有餓鬼名飲糞穢。唯能飲噉極可厭惡。食糞飲溺。或有一分自割身內而噉食之縱得餘食香美而不能食是名飲食無有障礙智論云或有餓鬼常食屎尿涕吐嘔吐盪滌飲汁或時至廁溷邊立伺求不淨或求產婦藏血飲之形如燒樹咽如針孔若與其水千歲不足或有餓鬼自破其頭以手取腦而舐或有餓鬼先世惡口好以麤語加被眾生眾生憎惡見之如讐以如是等種種罪故墮餓鬼中

九情一想下洞火輪身入風火二交過地

長水疏二交過地者風火二輪交際之處即正指七熱地獄也於九情中稍減者名**輕生有間**即八情二想墮也稍增者名**重生無間**正指九情一想也此言無閒約受苦說然此無閒對前有閒得名亦是第七熱地獄故

二種地獄

孤山云七熱地獄謂八大獄中第七獄也長阿含云此四天下有八千天下圍繞其外復有大海周匝圍繞八千天下復有大金剛山繞大海水金剛山外復有第二大金剛山樓炭經云二金剛山亦名鐵圍山二山中間窈幻冥冥日月天神所不能照彼有八熱地獄每一地獄有十六地獄第一大獄名想二名黑繩三名堆壓四名叫喚五名大叫喚六名燒煮

七名大燒煮。八名無間。分別其相。具如第十九卷。又新譯婆沙論問曰。地獄在何處。答曰。多分在此贍部洲下。云何安立。有說。從此洲下四萬踰繕那至無間地獄底。無間縱廣高下各二萬踰繕那。次上一萬九千踰繕那中。安立餘七地獄。謂次上有極熱。次上有熱。次上有大叫。次上有嗥叫。次上有眾合。次上有黑繩。次上有等活。此七地獄一一縱廣萬踰繕那。有說無間地獄周匝圍繞。如今聚落圍繞大城。云云。祇就此獄自有輕重。而此無間非五無間。亦應以第六為有間。第七為無間。是則風火二交過地。通於六七也。幽溪云。地獄處所。非所說不同。但是彼此互出。應是金剛兩山之間者輕。大地之下者重。又不獨此也。即曠野深山。亦有鬼神治罪人處。如四川酆都。東嶽奉山是也。又如城隍社奈亦有。如人間牢獄。世人往往見之。不知者。便言曾見閻王。及以地獄。又說某人死後得做閻王。須知閻魔法王。自有往處。在鐵圍兩山之間。人不易見。亦不易做。所見所做者。但是陰間分司耳。

純情而無想者。**即沈入阿鼻獄。**長水疏。阿鼻此云無間。即第八獄也。此具五種。謂受罪。苦具。身量。劫數。壽命也。若依俱舍。業報無間。

以造此罪必墮地獄更無餘業餘生能間隔故文句純情沈入阿鼻正與純想必生天上為四是故阿鼻地獄壽量亦與他化自在天同若沈心中兼有謗大乘經者貫珠蓋介無窮人生邪見故如善星比丘及寶蓮香比丘尼之類毀佛禁戒誑妄說法虛則無修行之功妄貪信施濫則無道德之實妄膺恭敬五逆殺父殺母殺阿羅漢出佛身血破和合衆是也十重梵網經所謂殺生乃至謗三寶文句若沈心中兼有謗經毀戒之惡正與福慧淨願相反此劫雖壞故更生十方阿鼻地獄亦與往生淨土者相對也是知善惡業力俱不思議如鑄像鑄兵同一金質同一人工同一器具倘轉此一點關楔則十方阿鼻便成十方淨土矣央掘廣誠證具在如何弗思

(庚)二結答同別

循造惡業雖則自招衆同分中兼各有私受一定之元地

貫珠元地，即定處非無因也。

文句言循業自招，可見非本來有，言同分有地，可見非無定處，此隨文便，且結惡業，若天趣等，則應云循造善業，雖則自招，衆同分中，兼有元地矣。

（戊）二別示七趣，即為七，初示地獄趣，至七示修羅趣。

（己）初中三，初總標，二別釋，三總結。

（庚）今初

阿難，此等，蓋牒上地獄而言之也。皆是彼諸衆生，自業所感，所謂非從天降，非從地生，亦非人與，亦非無因妄招，故知由妄見故，而造十習之妄因，由妄因故，乃受六交報之妄果也。

㊣庚二別釋二。初明十因。二明六報。

㊣辛今初

云何十因。阿難。一者婬習。既云十因。因必尅果。是故備陳惑業苦之三相也。婬是貪惑之最重者。又是生死根本。故首明之。誡其未可習也。二根交遘承接。是其業相發於相磨。研磨不休。貪其觸樂。如是故有大猛火光。於中發動。四依解。婬性好摩盪。摩則有煖觸生。是則火光乃婬習之發相。如人以手自相摩觸。煖相現前。生順死逆。二習相然。生前別業欲火。死後同分苦火。俱現而交發。遂感果報。昔之錦衾角枕。為今日鐵牀之基。昔之交相摟抱。為今日銅柱之媒。因果相符。不爽毫髮。故有鐵床銅柱諸事。而為苦相。是故十方一切如來色目行婬之事。同名欲火。文句。十方如來覺悟圓滿。深達一切業因業果。故於行婬一事。定其名色名目。謂之欲火。令諸眾生知所警懼。一切菩薩。從迷得悟。故見欲。如避火坑。誓不敢蹈。

也二者貪習交計發於相吸貪是根本煩惱於有有具染著為性故以交計而為業相長水疏言交計者由貪著故種種計較求取前境吸攬不止如是故有積寒而結堅冰堅住不散遂於是中成其凍冽此釋貪久不已故致苦果也如人以口吸縮風氣有冷觸生生順死逆二習相陵故有吒吒波波羅羅忍寒苦之聲也青赤白蓮凍冽之色寒冰等事而苦相是故十方一切如來色目多求者同名貪水菩薩見貪如避瘴海貫珠南海有瘴厲之氣觸之即死甚言可警避也三者慢習交陵發於相恃慢亦根本煩惱恃己於他高舉為性故以交陵而為業相貫珠陵欺壓也恃倚也憍慢者必有所倚如倚財倚勢倚名位文學智勇才能乃至於一技一藝必倚恃其長而後陵人傲物殊不知世法平等無有高下一慢生而也舉趾高心逸蕩矣若水之後波陵前波然奔馳流蕩

不息。如是故有騰逸奔波。積波為水。如人口中鼓舌根。絞其上腭。自相綿味。因而口中水發。津津流出不已。其由此生順死逆。二習相鼓。故有血河。灰河。熱沙。毒海。融銅灌吞諸事。而為苦相。

蒙鈔。血河者。眾合地獄。罪眾生。畏地獄卒。無量百千。走入山間。前後自然生兩大山。自合如磨。血流成河。骨肉爛盡。以喜磨眾生故也。灰河熱沙等者。經律異相云。灰河地獄。縱廣深淺。各五百由旬。灰湯湧沸。惡氣烽浡。洄波相搏。聲響可畏。從底至上。鐵刺縱橫。其河岸上。有劍樹林。枝葉花實。皆是刀劍。罪人入河。隨波上下。迴復沈沒。鐵刺刺身。內外通徹。膿血流出。痛苦萬端。故令不死。乃出灰河。至彼岸上。利劍割刺。身體傷壞。復有豺狼來。噉罪人。生食其肉。走上劍樹。劍刃下向。下劍樹時。劍刃上向。手攀手絕。足躡足斷。皮肉墮落。惟有白骨。筋脈相連。時劍樹上有鐵嘴鳥。啄頭食腦。苦毒號叫。故使不死。還入灰河。鐵刺刺身。皮肉爛壞。惟有白骨。浮浮於外。冷風來吹。尋便起立。宿業所牽。不覺忽到鐵丸。黑沙。熱風暴起吹熱黑沙來

蓄其身燒皮徹骨身中燄起迴旋還身燒炙焦爛其
罪未畢故使不死出黑沙獄到沸屎獄鐵窟地獄者
餓鬼道中最上苦法罪人氣絕命終生火山上猶如
鎔銅鑄鐵窟中劍虫刀虫喫食其頭出腦鐵狗來舐
死已唱活驅令上樹未至樹端身碎如塵一日一夜
殺身如塵不可稱數劍林地獄者八千由旬滿中劍
樹有熱鐵丸以為其果罪人氣絕受餓鬼身諸劍樹
間化生咽如鍼筩腹如大山東西求食鎔銅灌咽一
日一夜八萬生死經八千歲生食膿唾食血鬼中復生厠神猪狗等中是故十方一切
如來色目我慢名飲凝水西土有水飲之則凝菩薩見慢如避
巨溺之海恐汩沒法身也四者瞋習交衝發於相忤文句瞋亦根本煩惱
於苦苦具憎恚為性故以交衝而為業相貫珠瞋必令身心熱惱起諸惡業不善性故交衝者彼此搪突
也一言不合怒氣相沖故忤者逆也由於彼此忤逆結構不息則氣動於內而心熱
發其瞋火有鑄氣為金之象如是故有刀山鐵橛劍樹劍

輪.斧鉞鎗鋸.如人銜冤.殺氣飛動.由此相杵不已.致二習相擊.故有宮者.去其勢.割者.劓其鼻.斬斫者.斷其手.而截其臂.剉其骨.刺其肉.或槌或擊.種種諸事.而為苦相.殊不知隨順眾生.即是隨順覺性.瞋火若除.氣金不鑄.則無所容其刃矣.是故十方一切如來.色目瞋恚.名利刀劍.觸之即死.犯之即傷.菩薩見瞋.如避誅戮也.五者詐習交誘.發於相調.引起不住.詐亦名諂.是小隨惑.為罔他故.矯設異儀.諂曲為性.故以交誘而為業相.貫珠.誘.哄賺也.調者.謂以諂言調弄勾引也.引起他人不住本位.一入彼之綣繾.若緝縛木禁索絞必固.無所逃脫也.如是故有繩木絞校諸事.校.枷校也.易曰.何校滅耳.是也.然狙詐設巧誘人者.必浸潤已久.令心中悅服.然後引入殼中.正如水浸田草木潤而生長.由此相調不已.致二習相延.故有杻械枷鎖.鞭杖檛張瓜切.音檛.箠也.

棒諸事。而為苦相。是故十方一切如來。色目奸偽。同名讒賊。讒賊者。謂讒言傷人。喻如賊害。菩薩見詐。如畏豺狼。也。六者誑習交欺。發於相罔。誑亦小隨煩惱。為獲利譽。矯現有德。詭詐為性。故以交欺而為業。相貫珠。罔者。欺其不知不見。而讒之。說有為無。指空為有。誣罔不止。不動聲色。而羅網四張。作諸奸惡。人不覺知。飛心造姦。由彼志在誣讒他人。如是故有塵土屎尿。穢汙不淨。以遮沒之。令彼亦不見也。如塵隨風。各無所見。由此相罔不已。致而為苦相。貫珠。謂因中以誑語陷人。故果感沒溺。因中以誑語撮弄人。故果感騰擲。因中以誑語天淵人。故果感飛墜。因中以誑語沈浮人。故果感漂淪諸事。豈知不誑不妄。不自欺。皆是成佛之正因乎。二習相加。故有沒溺騰擲。飛墜漂淪諸事。是故十方一切如來。色目欺誑。同名劫殺。逢此必傷命也。故菩薩見誑。如

鴆直禁切音沈

踐蛇虺。蛇虺者。暗地害人。踐此難治其毒。郭璞曰。有一種蛇名蝮虺。身博三寸。首如擘。夫如來不誑不妄。所以解脫菩薩。明知明見。所以正行也。七者怨習。怨即是恨。亦小隨惑。由忿為先。懷惡不捨。結怨為性。故以交嫌而為業相。發於銜恨。銜包藏也。由包藏其恨心。如是故有飛石投礰匣貯。即匣床也。車檻。即囚車也。甕盛囊撲者。以囊貯人。而撲殺之。如史記始皇囊撲兩弟是也。如陰毒人。懷抱畜惡。由此交嫌不已。致二習相吞。相吞者。謂銜恨之人。唯欲噬其肉。而啖之也。殊不知視怨如親。不念舊惡。含恩而不含怨者。乃出世之正因也。因怨含恨。故有投擲擒捉擊射抛撮諸事。而為苦相。是故十方一切如來。色目怨家。名違害鬼者。違背正理。暗中害人。鬼中最惡之鬼也。菩薩見怨。如飲鴆酒者。鴆鳥最毒。翼毛劃酒。飲之即死。八者見習。見是根本煩惱。於諸諦理。顛倒推求。染慧為性。故以交明而為業相。此見行相差別

鞫 居六切 音掬

有五。一者。如薩迦耶。此云身見，謂於五取蘊，執我我所，有二十句，乃至六十五句。二是見取。謂於諸見及所依蘊，執為最勝，能得清淨。三戒禁取。謂於隨順諸見禁戒，及所依蘊，執為最勝，能得清淨。四邊執見，謂於五蘊隨執斷常。五是邪見，謂謗因果作用實事，及非四見諸餘邪執，皆名邪見。今云邪悟諸業。總攝邊邪二見也。發於違拒，出生相反。隨起一見，即於諸見互相違反，各言此事真實，餘皆虛妄也。如是故有王使主吏，證執文籍諸事。如行路人，來往相見。此即狹路相逢，無處逃避也。由此相反不已，致二習相交故。拘之同審，乃有勘問權變詐術，誘出其言，亦即攻發人之陰私所致。考訊其事，推詳窮鞫，察訪是非，披究在業鏡台前，令其照明善惡童子，手執文簿，辭辨諸事。而為苦相，無所隱諱也。豈知離四句，絕百非，是如來之正見。是故十方一切如來色目，諸惡邪見者，同名見

碾磑 碾，女箭切，音輾。物器也。按正譌通作碾，別作碾，非。磑，魚對切，音醴，即磨也。正字通或訓磑為碓下石，不知碓下石即今石臼，非磑也。

坑。謂凡墮一見，皆不能出也。菩薩見諸虛妄徧執，如臨毒壑。謂諸毒之中，見毒最深，能陷法身，故以壑喻之。九者枉習交加，發於誣謗。枉者，非理橫加，以直為曲，是害所攝，亦小隨惑，於諸有情，心無悲愍，損惱為性，故以誣謗而為業相。貫珠誣謗者，謂以本無之事加誣謗，由倚聲勢而枉逼良善，令之以氣壓人者，寧不畏哉。如是故有合山合石，碾磑耕磨之果，而無逃遁也。如讒賊人，逼枉良善。由此逼枉不已致二習相排，故有押捺者，謂心不服，強押之而過捺也。搥按者，意不甘心，強按之而搥擊也。蹙漉者，謂攢其手足，壓之而漉出其血者也。衡者，秤錘。度者，尺也。衡則用以秤其罪過輕重，度則量其長短愆尤。諸事而為苦相。是故十方一切如來，色目怨謗，同名讒虎。謂讒言傷人如虎。菩薩見枉，如遭雷之霹靂。十者訟習交諠，發於藏覆。訟是惡業，由於藏覆。覆亦小隨煩惱，於自作罪，

蹙音蹴迫也 漉音祿滲也

恐失利譽。隱藏為性。因我覆罪。彼則發之。遂成訟業。貫珠。諠者。諍競。謂攻發陰私。故成訟也。由乎生不能自見其過。而內自訟。反吹毛求疵。攻人之惡。而又自匿其惡者。

如是故有鑒見照燭

之境。在業鏡火珠前。陰隱全露。無所容覆矣。所以攻人之惡者。人亦攻之。

如於日中。不能藏影。

由是藏覆不已。致

二習相陳。故有惡友業鏡火珠。披露宿業對驗諸事。

而為苦報。

是故十方一切如來。色目覆藏同名陰賊。

者。暗藏害人。人雖不知是賊。而實是賊。

菩薩觀覆如戴高山。履於巨海。

戒序云。懺悔則安樂。不懺悔罪益深。戴山履。海之喻。持戒者。幸深思之。問曰。根隨煩惱。共二十六。何故獨約此十。為習因也。答曰。佛具一切種智。深知眾生惑業因果差別。舉此十因。即能該攝一切煩惱。如根本中癡疑二種。及中隨二。大隨八。皆與此之十因並得相應而起。若小隨中忿惱嫉三。皆屬瞋攝。憍是慢攝。慳是貪攝。故舉十因。即攝二十六種煩惱。乃至恒沙煩惱業苦。皆攝盡也。

(辛) 二明六報

云何六報。阿難。一切眾生。六識根塵識三。如惡义聚。設非根塵。則識何由造業。設非塵識。則根何由受報。故吳興云。造業招報。根識必俱。今以識為業。而業所招惡報。其報從六根出者。蓋業並由心。報多約色故也。云何惡報。從六根出耶。一者見報。招引惡果者。謂此見業交六根之時。見業屬火。則臨終時。故先見猛火滿十方界。亡者神識飛墜乘煙。入無間獄。文句。謂見根所造惡業。正當死逆生順二習相交之時也。此明極重惡業。直入無間。所以不經中陰之身。成論所謂極善極惡。皆無中陰也。發明二相者。平時見根造罪。元有二種不同。一者因於明見。由彼因中不能反觀自性。惟是流逸奔色。故在地獄中。與人間見明見暗無異。由人間明目張膽造業無畏。故在獄中。則能徧見種種惡物。如鐵蛇。銅狗。劍樹刀山牛頭阿傍之類生無量畏。二者因於暗見由在人間暗地瞞人作諸惡業。
恬不介意。故在獄中。寂然不見。生無量恐。蓋畏生於境而恐藏於心也。因中耳所聽
者。或鼓樂絃歌嬌聲艷語。令在獄中。如是見火燒聽。但耳中能聞為鑊湯
洋銅之聲。因中鼻所齅者。龍涎射麝花香酒氣。令為見火燒息。但鼻中能齅為黑
烟紫燄。因中舌所嘗者。膏粱美味。適悅其口。令為見火燒味。但其舌能嘗為焦
丸鐵糜。因中身所觸者。吳姬越艷。柔輭細滑。令為是火燒觸。但其身能觸為熱
灰爐炭。因中所思者。俛仰天地。盤旋九洲。令為見火燒心但其心能思之生其
星火迸灑。煽鼓空界。此由不能返見循元。流逸奔色之報。所謂生順死逆是也。二
者聞報招引惡果者。謂耳識與意識俱造業因。招引耳根受報此聞業交
六根之時。則聞聽屬水。臨命終時。先見波濤沒溺天地。亡者神

愗 莫候切 音茂

識降注乘流。入無間獄。此於大浸稽天而不溺者異矣。發明開閉二相。一者開聽。耳有所聞。但聽種種鬧亂嘈雜波濤洶湧一切不可樂聲。令精神愗亂而無主也。二者閉聽。寂然無所聞。令幽魄沈沒而無覺。以因中責人則明。恕己則昏。故受報時。如是聞波注聞。耳中則能聞為責罪。為詰情之事。因中鼓其勝氣喑嗚叱咤瞋目裂眥。故聽水注於見火。則眼中所見之境。但能化為雷為吼。為惡毒氣。因中唖霧迷人。含沙射影。故聽水注於息鼻中所齅之境。則能化為雨為霧。灑諸毒蟲。周滿身體。翻成害己。因中所嗜侯鯖禁臠。並三難八俎。一切珍饈之味。令聽水注其味。則舌上所嘗之境。但能化為膿為血。種種雜穢之物。因中觸體者。孌童季女。氣息香潔。令為聽水注於觸。則身中所觸之境。但能為畜為鬼。為糞為尿。因中用威作勢。

雹弼角切。音撮。說文。雨冰也。大戴禮。陽之專氣為霰。陰之專氣為雹。霰雹者。一氣之化也。

出其不意而加害人使人措手不及。今為聽水注於意則心中所思之境。但能為電為雹。摧碎心魄。此由不能返聞自性。流逸奔聲招報者也。三者齅報招引惡果者。謂鼻識與意識俱造惡因招引鼻根受惡果報。此齅業交六根之時。鼻息屬氣。具出入息。吸則從上而入。呼則從下而出。則臨終時先見毒氣充塞遠近。亡者神識從地湧出其上。又從上而墜下。入無間獄。發明通塞二相。一者通聞謂鼻有所齅而被諸惡臭穢之氣熏極鼻根使心擾亂也。二者塞聞謂一無所聞。故氣掩不通。悶絕於地。而無所知覺也。由因中恃虛氣以衝人。故行處皆通。如是齅氣。衝息則鼻根所齅之境。但能化為質礙而不通為履。是足所依自不能行者也。因中恃火以害人。今息衝見則眼根所見之境。但能為火為炬。而自燒無所躲避。因中恃聽之聰利而無所不達。今氣衝聽。

礰音歷石聲

則耳根所聞之境但能為沒為溺為洋為沸。因中以滋味為饜飫。為爽口。令息銜其味。舌根所嘗之境。則能化為餒為爽。皆成爛壞。魚敗曰餒。羹敗曰爽。所謂神奇化為腐朽也。因中恃氣以利刀劍觸眾生肉。四分八裂。為臚為脯。以肥己身。令息銜觸。則身根所觸之境但能化為綻裂為腐爛為大肉山。有百千眼。而為無量蟲所咂食。謂四兩還半斤也。因中恃氣瞞心味己。暗裏中人。使人不覺。令息銜思。則心所思之境但能化為灰為瘴。為飛沙礰。擊碎身體。所謂出乎爾者反乎爾者也。此皆不能反息循元流逸奔沓之報也。四者味報招引惡果者。謂舌識與意識俱造業因。招引舌根受惡果報。此味業交六根之時。舌根屬兌。兌為金。因中為此舌根用諸羅網。網諸禽獸。以滋己之口腹。則臨終時。先見鐵網猛燄熾烈。周覆世界。亡者神識從上而下。透掛其網。倒懸

承

頓也

其頭（而直）入無間獄發明（吸吐）二相一者吸氣（謂氣從外入者屬水故）結成寒冰凍冽身肉二者吐氣（謂氣從內出者屬火故）飛為猛火焦爛骨髓如是（因中為此味故食噉生命令彼忍痛受苦故今）嘗味歷嘗則（舌根所嘗之報但）能為承為忍（受其痛也為此味故用火炮炙故味金）歷見則（眼根所見之報但）能為然金石（不敢食也為此味故以刀剖割故味金）歷聽則（耳根所聞之聲但）能（化）為利兵刃（而反自害為此味故以籠取禽故味金）歷息則（鼻根所齅之氣息但）能（化）為大鐵籠彌覆國土（為此味故用弓弩以觸禽獸令味金）歷觸則（身根所受之報但）能（化）為弓為箭為弩為射（為此味故懸想飛禽從空而下故味金）歷思則（意根所思之報但）能（化）為飛熱鐵從空雨下（此由不能旋味循元流逸奔味之報也）五者觸報招引

矟所角切。音朔。博雅矛也。釋名矛長丈八尺。曰矟。馬上所持。言其矟矟便殺也。

剚側吏切揷刀也

惡果者謂身識與意識俱造業因。招引身根受惡果報。此身根所對是觸。因中有男女身分之樂觸。是故此觸業交六根之時。則臨終時先見大山四面來合。無復出路。亡者神識見大鐵城。火蛇火狗虎狼獅子牛頭獄卒。馬頭羅刹。手執鎗矟。驅入城門。向無間獄。發明離合二相。一者合觸。感合山逼體。骨肉血潰。二者離觸。則感刀劍觸身。心肝屠裂。此身為五根之身。因中為此身奔走道途閒遊園觀如是合觸之身根歷觸。則身根所觸之報。但能化為道為觀為廳為案。道。趣獄路。觀。獄王門闕兩觀也。廳案。皆治罪之處。亦身根所依處也。因中為此身而觸色。故今身歷見。則眼根所見之色。但能為燒為爇之苦。為此身而觸聲。故今歷聽。則耳根所聽之聲。但能為撞為擊為剚。插刃於肉。為射。揷箭於身。皆不管子輕重篇。春有以剸耕。夏有以耕耘。

可聞之觸也。為此身而觸息。故歷息則鼻根所齅之息。但結其口。而不出氣也。能為括為袋。謂猶括囊為考為縛。謂繫其身而不容轉動也。為此身而觸味。故今歷嘗則舌根所受之味。但能為耕為鉗。為斬為截。不可口之觸。為此身而攀緣。故歷思則意根可思之境。但能為墜為飛為煎為炙。不可意之觸。以思則或升或降。或熱惱故。由此不能反身以自修。而為流逸奔觸之果報也。六者思報招引惡果。謂意識造業。五識皆具業因。招引意根先受惡報。意為主。無明風所自出。故此思業交六根之時。則臨終時先見惡風吹壞國土。亡者神識被無明風吹上空中。旋從空落。乘風上下。墮無間獄。此與御風而行者。異也。發明覺迷二相。一者不覺迷極。則荒亂而奔走不息。二者不迷覺知。則苦有無量煎燒痛深難忍。蓋心無方所。莫知其鄉。故檻胡黯切，音艦。玉篇：檻車也。

如是邪思，結思則意根所思之境，但能為方內，為處所。因中掩其不善而著其善。邪思結見則眼所見之境，但能為鑒，為證。使無隱其惡心邪思。結聽，火結聽水，故使流者結為大石，熱者化為冰霜，明者化為土霧。則耳根所聞者，但能為大合石，為冰為霜為土為霧。邪思結息則鼻根所齅之境，但能化為大火車，火船，火檻。此皆載物之器，氣所化也。氣能載物故也。心火結嘗則舌根所嘗之境，但能為大叫喚，為悔為泣。以苦痛難忍，號天叩地，無及矣。此邪思結觸則身根之報，翻覆無定，但能為大為小，為一日中萬生萬死，為偃為仰。亦不可定也。此由不能反思自咎，流逸奔法之報也。文句：夫唯心地獄，地獄唯心。迷般若而成惑，迷解脫而成業，迷法身而成苦。讀經至此，不悚然急斷生死三緣，不恍然頓悟性德三因者，非夫也。

(庚)三總結

阿難是名地獄十因六果皆是眾生迷妄所造此結前妄業皆是迷真實心而循業發現非實有也若果識得自心則大地無寸土況地獄乎若諸眾生惡業同造者謂一切時中六根同造十因此則極重入無間阿鼻大地獄四依解此獄一世界中唯有一獄獄量與世界量等是極重獄也受無量苦經無量劫六根各造者謂六根雖各造罪而造非一時及彼所作或但兼十因之幾境或但兼六根之幾根是人則入八無間獄四依解此獄一世界中有八寒八熱俱是無間故名八無間身口意三作殺盜婬謂六根中滅去三根十因中滅去七因是人則入十八地獄四依解獄數十八即十八鬲子地獄三業不兼者中間或秖為一殺一盜謂殺盜婬三惡業隨缺一種也是人則入三

十六地獄。吳興曰三十六獄并下一百八獄未詳名數若能見所見一根一境。文句謂六根中惟有一根造業舉見見以例聞聞等也。單犯一業者。謂十因中惟造一因。是人則入一百八地獄。由是眾生別作別造者。結顯惡業自招。於世界中。入同分地獄者。結顯兼有元地。妄想發生。非本來有者。結顯實本真淨。蓋有即非有。如空華無體。故云非本來有。非謂本來不有而後來成有也。思之。思之。

㔾二示餓鬼趣三。初總標。二別顯。三結示。

庚今初

此躡前地獄罪畢。而入鬼趣也。復次阿難。是諸眾生。非謗也。破犯也。既謗戒而復破律儀也。犯菩薩戒者。但破而不謗也。毀佛涅槃者。謗佛而兼謗法也。

諸餘雜業。即十習因也。戒為眾生出苦之具。佛為眾生拔苦之師。法為眾生盡苦之地。謗此三種。即名斷佛種性。其罪特重。故入地獄。而歷劫為業火燒然。俟其地獄業空。後還罪畢。乃受諸鬼形也。

文句。尅論鬼趣有四差別。一者下品十惡為因。直招其報。二者過去異熟業力。忽牽其報。三者將入地獄。先受華報。四者從地獄出。受此餘報。以要言之。七趣後有。皆可趣於鬼道。只此一趣。復分有財少財無財三類九品之不同。今但約地獄餘報。乃一往略言之耳。

(庚)二別顯

若眾生於本因貪物即是貪物之習因為受罪之本是人地獄罪畢
由其愛著諸物故今遇物成形如附金玉芝草而為精靈名為怪鬼也貪
色即是婬習為罪是人罪畢由其婬風鼓扇故今遇風成形名為魃
鬼作旱魃也貪惑即是詐習為罪是人罪畢由其諂媚成性故今遇畜成
形名為魅鬼如妖狐之類仍欲現美色媚惑人也貪恨即是瞋習為罪是人
罪畢由其心懷毒恚故今遇蟲成形名蠱毒鬼仍毒害於人也合轍若南方有
妖術令人成蠱病者此鬼主之貪憶即是怨習為罪是人罪畢由其銜恨不忘故今
遇人之勢衰成形名為厲鬼報宿仇也貪傲即是慢習為罪是人
罪畢由其尚氣自恃故今遇氣成形名為餓鬼所謂空腹高心之劇報也貪
罔即是誑習為罪是人罪畢由其暗地造姦故今遇幽為形名為魘

鬼。依舊乘人之臥，而魘之也。貪明，即是見習，為罪。是人罪畢，由其邪悟邪執，故今遇精乃附之，為形，名魑魅鬼，望之有似高明，就之實無威德也。貪成，即是枉習，為罪。是人罪畢，由其證人入罪，指暗為明，故今遇明為形，名役使鬼，助人成事也。貪黨，即是訟習，為罪。是人罪畢，由其發他陰私，必須牽引傍人為證，故令遇人為形，名傳送鬼，仍報種種陰私之事，環師所謂附巫祝而傳吉凶者也。只此十類必各各有苦樂別報之不同，亦是略而不說，可以理推。

㊁庚 三結示

阿難，是人皆以純情墜落，業火燒乾，上出為鬼，此等皆是自妄想業之所招引，若悟菩提，則妙圓明本無所有。

文句言是人者本從人道造十習因而墮落也雖以業火燒乾上出為鬼迺其夙習仍在故習不可不慎也然既云悟菩提而本無則今正在迷時又豈實有無奈一翳在目空華亂墜耳哀哉

(己)三示畜生趣三初總標二別顯三結示

(庚)今初

復次阿難鬼業既盡則情與想二俱成空方於世間與元負人怨對相值身為畜生酬其宿債

文句魁論畜趣亦四差別一者中品十惡為因直招其報二者過去異熟業力忽牽其報二者從地

獄出。即償其報。四者從餓鬼來。乃償其報。以要言之。七趣後有。皆可趣於畜生。只此一趣。復分上中下品各各三類之不同。今但約鬼業既盡言之。亦是一往語耳。言情與想二俱成空者。向來墮獄之人。或是純情無想。或是九情一想。八情二想。乃至鬼趣之中。或是七情三想之所直招。今則虛妄所積。惡情善想。勢力已盡。不復更招二趣苦報。故曰成空。非謂幷空於宿債。亦非謂能空其惑體也。

㊉庚 二別顯

物怪之鬼。由所著之物銷。鬼報已盡。隨其餘習。生於世間。多分

為梟類者盜貪餘習附塊為鬼又盜貪之最重者莫如食肉故令懷怨報仇致成食父母想也

風魃之鬼由所鼓之風銷鬼報已盡隨其餘習生於世間多為咎徵一切異類者即凶事之前徵由婬習故為妖為孽也合轍咎徵者如商羊舞水江豚拜風之類

畜魅之鬼由所成之畜死鬼報已盡隨其餘習生於世間多為狐類者由詐習故復為妖媚以惑人也

蟲蠱之鬼由所成之蠱滅鬼報已盡隨其餘習生於世間多為毒類者蓋毒仍瞋習也貫珠奮咀螫以害人蓋魅多憑狐故卒為狐蠱集於毒故終為毒類真餘習所使也

衰癘之鬼由所蓄之衰窮鬼報已盡生於世間多為蛔類者蓋乘人之虛仍是怨習也貫珠蓋昔依人而作厲瘧今依臟腑而銷飲食雖是餘習亦由至暴而化為至柔也

受氣之餓鬼由所蓄之氣銷鬼報已盡生於世間多為食類者由慠慢故妄言天

生萬物，本以養人，取諸衆生血肉充食，故今報為食類，又慢習陵人，今乃以肉充食，則受陵斯極也。為綿幽之鬼，由所著之幽消，鬼報已盡，生於世間，多為服類者，蠶蠱反諸皮毛，可為衣服，牛馬可以乘服，由昔誑人，今以此償債也。和精之鬼，由所愛之和消，鬼報已盡，生於世間，多為應類者，社燕塞鴻之屬，應時而來，此由計時計方種種邪見之餘習也。明靈之鬼，由所著之明滅，鬼報已盡，生於世間，多為休徵，一切諸類者，如嘉鳳祥麟，乃至鵲噪報喜之類，由昔枉人成罪，故今報人善事以酬之也。依人之鬼，由所著之人亡，鬼報已盡，生於世間，多為循類者，貓犬之屬，由昔貪黨訟人，故今依順人也。各言多為者，舉其大概言之，正顯不必盡然之意。

(庚)三結示

阿難是等皆以地獄業火乾枯而為餓鬼則情想俱空方於世間與元負人相值酬其宿債傍為畜生此等亦皆是自已虛妄業因之所招引若悟菩提則此妄緣本無所有如汝前所言者寶蓮香等及琉璃王善星比丘如是惡業非外有也本自發明非從天降亦非地出亦非人與乃是自已妄想業因之所招感故還自來受其果元自作自受菩提心中實無一法可得皆為浮虛妄想凝結

文句由惑火故成業火由業火故感報火今言業火乾枯者惡業如薪薪不盡則火不息以果從因而言之也若悟菩提先轉惑火以為智火則一切

業薪。當下燒盡。何俟地獄報火所燒。惟其迷菩提為煩惱。所以迷解脫為惡業。迷法身為苦報也。然而煩惱之性不離菩提。惡業之性何殊解脫。苦報之性豈外法身。故曰菩提心中。皆為浮虛妄想凝結。譬如迷空作華。結水成冰耳。豈於空外有華。水外有冰也哉。

㊁四示人趣三。初總標。二別顯。三結示。㊄今初

復次阿難。從是畜生。酬償先債。債畢即當兩無交涉。若彼酬者。復有分越所酬之物。則此等眾生。又以情想均等。為潤生。還復生為人中。而反徵其昔有越分所酬之剩負。徵如徵稅之徵。剩。餘也。言復索其所負之餘債也。

如彼負剩之人、或有善業力勝兼有福德、而處富貴、則就於人中、不捨人身、酬還負彼之剩力、或遭竊取、或遭劫奪之類、若善業力不勝、無福德者、而還為畜生、償彼餘剩之直、阿難當知、分越所酬之人、若但過用彼負重致遠之錢物、或但過役其耕治田地之力、則償彼餘直之時、亦但酬還其錢力、而完足無剩、則自停止、如於中間、又復殺彼身命、或食其肉、如是乃至經微塵劫、相食相誅、猶如井汲轉輪、互為高下、無有休息、除非自己以奢摩他一心三止而得其道、及佛出世、怨結方能解釋、不然則此怨害、終身不可停寢、願諸仁者、當以慈心常加愛護、不宜過用其力、尤不宜貪口腹以傷其生、不負如來叮嚀苦口相勸、其庶幾矣、

文句、此明三惡趣中、復還人道之相、并詳示殺業

難停以警迷也尅論人道亦三差別一是五戒及中品十善為因直尅其果二是從勝類中來謂天仙等三是從惡道中來復有四類所謂地獄鬼畜及阿修羅今但約畜生復形人道亦是一往畧言之耳就互償中有二差別一償力二償殺償力又二一有福力即於人身中償二無福力還為畜生償之償殺亦二一為畜生相食二於人中相誅又人既殺畜畜亦害人唯此相食相誅之業結怨連仇終無自停之日除是修行一心三止永超生死方可停寢或是諸佛出現於世以不思議大慈悲

力。大神通力。為之解怨釋結。亦可停寢。捨此二途。縱經塵劫。常如轉輪。然而奢摩他路。殊不易臻。諸佛出世懸遠。難值。可不哀哉。可不畏哉。

(庚)二別顯

汝今應知。人道自有正因。所謂五戒十善也。然則彼梟倫者。蓋昔因貪物為怪為梟。乃今酬債已足。復轉人形。生人道中。參合頑類。貪故愚頑。所謂利令智昏也。貫珠。參合者。帶畜生之餘習。而參雜混合於人中也。頑類者。頑無所知之一類。心無惻隱。不知仁義。不識廉恥。毫無倫理。不可化而為善者也。彼咎徵者。由本於貪婬溺愛。不明事事皆成過咎。故為咎徵。徵者。明也。人有過咎。而先報明之。與元負人。酬債已足。復轉人形。生人道中。參合異類。婬故妖異。所謂亂倫滅理。貫珠。異者。異。如五種不男不女之類。雖復人形。猶然愚癡昏鈍不得精明所謂使人愚憨敝者愛與欲也彼魅鬼而為狐倫者昔為狐媚酬債已足復轉人形唯是曲情餙貌搖尾乞憐以諂世求容不能卓然自立故生人道中參於庸類多詐故庸鄙可賤所謂因人成事碌碌庸人也彼蠱鬼而為毒倫者與人怨害酬足已畢復轉人形即蜂目狼聲剛愎自大故生人道中參合狼類懷嗔故狼毒不仁所謂甘心奮毒以螫人不自知其非也彼厲鬼為蛔倫者昔以衰氣附物而成蛔類先債酬足復轉人形而復為微賤之人故曰生人道中參合微類懷怨故陋劣輕微雖親附人人不蓋錄者也彼之餓鬼為食倫者由傲物而為人切蓋轉其食類與元負人先債酬足已畢復還人形無丈夫氣不能奮發而委靡生人道中參合柔類傲慢故自失威力柔弱可欺所謂不振之徒也彼魔鬼為服倫者由宿生負重致遠僕僕不休先債酬足已畢復轉人形生人道中參合勞類

誑他故勞形酬債。令彼人之驅役為牛馬走使勤劬勞頓不息。彼魍魎鬼為應倫者。由宿有聰明知見不真故墮為魍魎先債酬足已畢。復轉人形生人道中參於文類邪見故巧飾文詞也。貫珠言文類者。只是小有才通文解義。與人應接不失其序亦有可觀非經天緯地之文也。彼役使為休徵者。由宿昔托明成形先債酬足復還人形生人道中參合明類。枉習故小慧明察也。貫珠言明類者。乃應世一隙之明而已非仰觀俯察之明也。彼諸傳送鬼為循倫者。由宿昔循順人心。先債酬足復生人形生人道中參於達類。訟習故世事敏達。達非聰明聖智之達也。

㊉庚三結示

阿難。是等皆以昔在人道中。作三塗業因。受三塗果報。而宿債畢酬。三塗業盡而復形人道。皆無始來。無明障心。煩惱障慧。不愛物命。恣情殺啖。以為活計。如是業計顛倒。劫劫生生。相生相殺。酬償宿債。債盡而復人形。反徵其剩。雖得人身。苟若不遇如來出世。不聞如來正法。令其轉殺為慈。仍於塵勞中。法爾輪轉。則此人身不久又入三塗。為鬼為畜矣。蓋其得人身也甚難。失人身也甚易。所以如來痛說此輩名為可憐愍者。

文句。雖則復形人道。還於人道。起惑造業。不久又墮苦輪。由婬欲故相生。由殺盜故相殺。譬如揑目亂華發生。誠可憐也。修心之士。可不以斷業計為急務哉。

(巳)五示仙趣三。初總標。二別顯。三結示　(庚)今初

阿難。復有從人道中。不依正覺修三摩地。別修妄念。存

想固形、遊於山林、人不及處、有十種仙、
文句言復有從人等者、意顯進趣菩提、惟有人道
為易、今既幸得人身、又復稍知修進、乃不依正覺
修三摩地、而別修妄念、甚可惜也、不依正覺、謂不
以正覺為本修因、不修三昧、謂不以首楞嚴定上
趨極果、別修妄念、正顯除佛法外、決無真修、存想
固形、正顯仙雖十種、宗趣是同、總不出於固其妄
形而已、形有二種、一浮塵根、二勝義根、若欲幷肉
身而常存、則是固浮塵形、若欲捨凡軀而蛻化、則
是固勝義形、計此勝義諸根、以為本命元神、而不

知其如頻伽瓶。祇是生死幻妄色法。非實我也。

(庚)二別顯

阿難。彼諸眾生。堅固服餌者。謂服延生之物。以固其形。若此方服秋石紅鉛之類。而不休息。縱使食道圓成。但得長壽。未能輕舉。名地行仙也。堅固草木者。謂不用烟火但飡松柏黃精之類。以固其形。而不休息。藥道圓成。故身能輕舉。名飛行仙也。堅固金石者。用五金五石以鍊外丹服之。以固其形。而不休息。化道圓成。故能化形易骨。撮土點石。遊戲人間。名遊行仙也。堅固動止者。謂調氣固精。遺形涉空。皆守氣以固形。莊生所謂純氣之守。老子所謂綿綿若存。用之不勤是也。而不休息。故氣精圓成。羽化飛昇。名空行仙也。堅固津液者。謂鼓天池。嚥津液。不交世欲。以固其形。而不休息。潤德圓成。故介肌膚若水雪綽約若處子與天無異名天行仙也堅固精色者謂吸風飲露採取日月精華以固其形而不休息吸粹圓成故能通於造化名通行仙也堅固呪禁者謂專精術法以固其形而不休息術法圓成故能役使鬼神顯其道力名道行仙也如此方張道陵之流又依內教密部亦有悞成此者也堅固思念者或存想頂門而出神或繫心丹田而鍊氣以固其形而不休息思憶圓成澄凝精思久能照應故名照行仙也堅固交遘者謂以心為離火腎為坎水降火提水令其交遘冀成仙胎以固其形而不休息感應圓成名精行仙也堅固變化者謂存想變化之理心隨邪悟希圖固形而不休息覺悟圓成故能起大變化其行超絕名絕行仙也夫此十仙雖復高下不同一一皆云堅固而不休息方得圓成則其修鍊功夫殊亦非易易者乃所成妄果不過壽千萬歲倘將此全副精神依於正

莊子宋人有善為不龜手之藥者世世以洴澼絖為事蓋嘆其善用小而拙於用大也郭象注其藥能令手不拘拆故常漂絮水中爾雅絖絮之細者韋昭云以水擊絮曰漂洴澼漂絮聲也龜音均洴音瓶澼音僻絖音曠拘亦拆也

覺修三摩地豈不能頓階常住乎譬如不龜手藥但洴澼絖又如夜明之珠用彈黃雀亦可歎也

(庚)三結示

阿難是等皆於人中鍊心不修正覺別得養生之理壽千萬歲休止深山或大海島絕於人境斯亦難免輪迴為妄想流轉蓋由不修三昧報盡還來散入諸趣文句雖鍊心而不修正覺是故迷無生而別得生理也仙報既盡依舊隨業流轉散入諸餘六趣矣何足貴耶

(己)六示天趣二初別示諸天二總結虛妄

(庚)初中三初欲界二色界三無色界

(辛)初又三.初總標欲天之因.二別示六天之相.三結成欲界之名. (壬)今初

阿難.諸世間人.不求常住.未能捨諸妻妾恩愛

文句.不求常住者.無有出世智慧.此三界之通惑也.未能捨離妻妾恩愛者.不修出世戒定.此欲界之別惑也.由此二惑.所以常為欲界所繫.

(壬)二別示六天之相.即為六.初四天王天.至六他化自在天. (癸)今初

於邪婬中.不但身不犯.而心亦不流逸.以邪婬念既不動.故愛水亦澄瑩.意地生明.命終之時.捨肉身而後.受天身.所居報土在須彌腰.鄰於日月.

如是一類名四天王天。

文句。欲界諸天。同以上品十善為因。今獨舉邪婬一事者。由此婬欲。正是生死根本。故單約此以論昇沈。其餘可例知也。據正法念處經。不殺功德增上。能生此天。今於邪婬心不流逸。則不殺功德不俟言矣。言四天王者。東方持國。為乾闥婆王。南方增長。為鳩槃荼王。西方廣目。為龍王。北方多聞。為夜义王。此天離人間地四萬二千由旬。身長拘盧舍四分之一。當此間周尺七十五丈。以人間五十年為一晝夜。壽五百歲。計人間數則是九百萬年。

亦復有中天者，死時五衰相現，甚大苦惱。

㊀二忉利天

於自己妻房，婬愛微薄，於清淨獨居之時，間有念起，不得全清淨之味，比之前人，已超一倍。命終之後，超日月明之四王天，居人閒須彌山頂，如是一類，名忉利天。

文句，正婬亦薄，故超前天，據正法念處經，不殺不盜功德增上，能生此天，居人閒頂，即指須彌山頂，令望之而蒼蒼者是也。離地八萬四千由旬，共有三十三天，謂四方各有八大宮殿，并中閒帝釋天王宮殿，並列而居，故名三十三天。天身皆長半拘盧舍，當周尺一百五十丈，帝釋身長一拘盧舍，與兜率天身相等，由其過去偏修恭敬業故，以人間百年為一晝夜，壽一千歲，計人間數則是三千六百萬年，亦有中夭，及五衰相現之苦，以下四天並同。

㊀三須燄摩天

逢欲暫交，去後更無思憶，於人間世，動少靜多，命終之後，於虛空中，朗然安住，日月光明，上照不及，是諸天人等，各各自身有光明，互相照耀，如是一類，名須燄摩天。

文句，動少靜多，即是兼學坐禪，故能超地居而成空居也。據正法念處經，不殺、不盜、不邪婬功德增上，能生此天。離此閻地去十六萬由旬，有地如雲朗然安住，但以蓮華開合而為晝夜，名須燄摩，亦云夜摩。此翻時分，亦翻妙善也。身長周尺二百二十五丈，以人間二百年為一晝夜，壽二千歲。

㊆ 四兜率陀天

一切時靜，有應觸來，未能違戾，命終之後，上升精微，不接下界諸人天境，乃至劫壞三災不及，如是一類名兜率陀天。

文句，一切時靜，已成欲界中定，故能不接下界諸人天境此通指外院而言之也乃至劫壞三災不及別指內院言之兜率陀亦云覩史此翻知足亦翻妙足據正法念處經身三口四善戒功德增上能生此天離此閒地去三十二萬由旬有地如雲於上安住身長周尺三百丈以人閒四百年為一晝夜壽四千歲

㊀癸 五樂變化天

我無欲心應汝行事於欲界橫陳之時無受樂之心味如嚼蠟命終之後生越化地如是一類名樂變化天

文句嚼蠟以喻無味此是既成欲界中定進修未

到地定之境界也。越化者，超越下地能為變化。故名樂變化天，亦名化樂，梵稱須洹密陀也。離此間地去六十四萬由旬，有地如雲，於上安住。身長三百七十五丈，以人間八百年為一晝夜，壽八千歲。

(癸)六他化自在天

無一念世間之情欲心，但同世權設行事。至於行事交合之時，不但全然無味，抑且心中了然超越，毫無沾染，故命終之後，徧能出超化無化境。如是一類，名他化自在天。

文句：於行事交，了然超越，即是已成未到地定，并嚼蠟之味，而亦無也。超化境，謂超第五樂變化天。

超無化境。謂超前之四天。梵語婆舍拔提。此云他化自在。離此閒地去一百二十八萬由旬。有地如雲。於上安住。身長四百五十丈。以人閒一千六百年為一晝夜。壽一萬六千歲。又魔王宮殿亦在此天。或云在欲色二界中閒。別有魔宮也。

㊀壬 三結成欲界之名

阿難。如是六天。形雖出動。心迹尚交。自此以還。名為欲界。

文句。形雖出動。言出於人閒。散動境界也。心迹尚交。言下四天。心迹俱交。化樂他化。心雖不交。而迹尚交此約因中言之若約果言則四王與人間同忉利二根相到但出風氣無有不淨夜摩相抱為欲兜率執手為欲則是心迹俱交化樂共笑為欲他化相視為欲則是心交而迹不交然雖因中果上輕重各殊總未離男女欲愛故同名欲界也

大佛頂如來密因修證了義諸菩薩萬行首楞嚴經易知錄卷第八 終

式堂　叁拾元

妙山法師助刻洋貳拾元

蓮根　拾元

助刻印洋

湯門夏氏永福　拾元

畢門陳氏妙福　六元

湯門林氏蓮長　五元

嚴門王氏善光　五元

李門陳氏蓮壽　四元

助刻印洋

嚴門陳氏妙相　叁元

畢門應氏妙德　叁元

王門應氏善覺　弍元

尤門張氏靜心　弍元

大佛頂如來密因修證了義諸菩薩萬行首楞嚴經易知錄卷第九

南嶽祝聖沙門釋默庵治定

(辛)二色界，三。初總出其因，二別明其相，二總結其名。(壬)今初

阿難，世間一切所修心人，不假禪那，無有智慧，但能執身不行婬欲，若行若坐，想念俱無，

文句。此總明四禪之因也。以其能伏下地思惑，亦名修心。以其不修出世妙定，故云不假禪那。以其不修出世妙慧，故云無有智慧。以其不修出世世妙

戒但修世間事戒事禪故云但能執身不行婬欲若行若坐想念俱無也夫不行婬欲則身恒清淨十善事戒成就想念俱無則心亦清淨十支功德發生而不名出世妙戒妙定者以是舊醫之法凡夫外道所能建立非是如來所結波羅提木叉故也客戒客定客慧台宗辨之頗詳人都忽而不察亦可慨矣

㊀二別明其相即為四初明初禪至四明四禪

㊀癸今初

愛染不生蓋下地已無卜居則無留欲界是人應念身為上界之

梵侶。如是一類。名梵眾天。清淨離欲故名為梵。梵眾即是梵民也。欲習既除。離欲心現。謂前天既離欲習。此天定心顯露。而於諸律儀。指世間微細禁戒。非必是佛戒也。愛樂隨順。是人臨終。應時而生梵世。能行梵德。如是一類。名梵輔天。即梵臣也。身心妙圓。謂心既離欲身順律儀也。此妙圓字特就彼天言之。遠離欲界一切麤濁。名之為妙。較前二天功德滿足。名之為圓。形於動止。發於勝解。故曰威儀不缺。清淨禁戒。加以明悟。者。即是修於四無量心成就。是人命終。應時能統梵眾。為大梵王。如是一類。名大梵天。阿難。此三勝流。言展轉勝下地故。一切苦惱。即指欲界八苦。所不能逼也。雖非正修真三摩地。清淨心中。諸漏。指欲界思惑。不為所動。名為初禪。禪者。具云禪那。此翻靜慮。靜則不同欲界之散動。慮則不同四空之昏昧。故亦名等持也初禪於九地中名離生喜樂地謂離欲界雜惡趣生得清淨樂律中喻以巧浴潤漬也吳興曰初禪修五法離五蓋成五支具八觸十功德相五法者欲念精進慧一心五蓋者貪欲瞋恚睡眠掉悔疑五支者覺觀喜樂一心八觸者動癢涼煖輕重澀滑復有八觸掉猗冷熱浮沉堅輭此八雖與前觸大同若約分別不無小異合而言之名十六觸十功德者一定二空三明淨四喜悅五樂六善心七知見明了八無累解脫九境界現前十心調柔輭梵衆天壽二十小劫身半由旬梵輔天壽四十小劫身一由旬大梵天壽六十小劫身一由旬半貌如童子身白銀色衣黃金衣禪悅為食又起世因本經云色界天不著衣服如著不異頭雖無髻如著天冠無男女相形惟一種法苑珠林云大梵天無別住處但於梵輔有層臺高顯嚴博大梵天王獨於上住以別羣下於此三天之中梵衆是庶民梵輔是臣大梵是君唯此初禪有其君臣民庶之別自此以上悉皆無也今按後文四禪四位天王及華嚴經亦有二禪三禪天王等則知此說亦未盡然矣劫盡火災得至此天由其內有覺觀火故

㊀癸 二明二禪

阿難其次梵天統攝梵人圓滿梵行牒前梵王而言之也澄心不動謂并離其覺觀二支成就內淨喜樂一心四支功德也寂湛生光謂定深生照而心水澄湛寂然發光如是一類名少光天也從前少光更增光耀故曰相然照則心境互照境隨光發焰耀無盡映十方界且指小千世界為十方也偏成琉璃然光雖極量但偏小千世界如是一類名無量光天從此進修吸持無量之圓光發宣梵行不待言詮自能成就教體發化清淨應用無盡如是一類名光音天光為教體喻如人世以音為教故名光音非謂光實有聲也阿難初禪有覺有觀故有憂懸亦名麤漏此二禪三天之勝流覺觀俱離則一切憂懸所不能逼雖非正修真三摩地清淨心

中而麤漏已伏名為二禪定生喜樂地也謂有定水潤澤其心律中喻以山頂之泉也八觸十功德亦同初禪但從內淨俱發為異少光壽二大劫身二由旬無量光壽四大劫身四由旬光音壽八大劫身八由旬火災不到水災得至由其內心有喜水故

㊀癸三明三禪

阿難如是天人既已圓光成音今更披去光音教迹露出妙定發成精純之行通於寂滅之樂如是一類名少淨天淨空現前引發猶言拓充無際身心輕安成就寂滅之樂如是一類名無量淨天世界身心一切圓淨淨德成就殊勝歸託之境現前歸於寂滅之樂如是一類名偏淨天阿難此三勝流具大隨順身心安隱得無量樂雖

非正得真三摩地、安隱心中、歡喜畢具、名為三禪、

文句此第三禪具有五支功德、一捨、二念、三慧、四樂、五一心、蓋離前喜動而生淨樂、此樂非境、乃出乎淨性、恬澹、寂靜、故名寂滅樂耳、非是無漏寂滅樂也、由其永離喜動、名為安隱心中、由其得無量樂、仍名歡喜畢具、此離喜妙樂地、世間之樂更無過者、律中喻以蓮華出地、而未出水、根莖華葉無不潤漬也、少淨天壽、十六大劫、身長十六由旬、無量淨壽、三十二大劫、身三十二由旬、徧淨壽、六十四大劫、身六十四由旬、水火二災不到、風災得至、

由其未離出入息故。

(癸)四明四禪又二。初明凡夫四天。二明不還五天。

(子)今初

阿難。復次天人。不逼身心。苦因已盡。了知樂非常住。久必壞生。故於苦樂二心。俱時頓捨。麤重相滅。淨福性生。如是一類。名福生天。捨心圓融。勝解清淨。福從此生無有遮限於中有所願求得妙隨順。窮未來際。如是一類。名福愛天。阿難。從是福愛天中。有二岐路。若於先心無量淨光之中福德圓明。修證而住。如是一類。名廣果天。若於先心雙厭苦樂。精研捨心。相續不斷。圓窮捨道。身心俱滅。心慮灰凝。經五百劫。是人既以厭捨苦樂之生滅為因。決定不能發明本不生滅之性。故生彼天時。經初半劫想心方滅。到後半劫想心又生。如是一類。名無想天。阿難。此四勝流。一切世間諸苦樂境所不能動。雖非無為真不動地。有所得心。功用純熟。名為四禪。

文句。苦因已盡。結上三禪之德。久必壞生。顯彼三禪之過。苦樂二心以下。方顯四禪正行。此禪具有四支功德。一不苦不樂。二捨。三淨。四一心也。窮未來際者。言其福性益增。壽倍初天而已。非真盡未來際也。福德圓明修證而住者。謂以四無量心熏禪福德。離下地染也。廣果者。廣大福德。所感之果也。無想天者。於四百九十九劫之中。六想不行。如冰夾魚。如石壓草也。此名捨念清淨地。律中喻以沐浴被新淨衣。又如密屋中燈。他經福生。或名無雲。言無雲者。下雖空居。猶依雲住。此天果報虛妙并雲相而亦無也。福生壽一百二十五大劫。身一百二十五由旬。福愛壽二百五十大劫身二百五十由旬。廣果。無想。皆壽五百大劫。身五百由旬。火水風災皆不能到。法苑珠林云。無想天亦無別所但與廣果同皆一處。以是外道所居。故分二種別括古活切音聒與筈通。釋名矢末曰括。括謂與絃相會也。

名。

㊀子 二明不還五天

阿難。此中復有五不還天。梵語阿那含此云不還此之五天皆三果聖人寄居此處也。於下界指欲界中。九品習氣指思惑俱時滅盡。此於欲界無續生業不可卜居也。苦樂雙亡。則於下初二三禪。無續生業不可卜居也。故於捨心眾同分者。即指第四禪天。通名捨念清淨地。故由其上界思惑未盡。所以須向此中安立居處也。阿難。苦樂兩滅。鬭心即雙捨苦樂之心名為不交。如是一類。名無煩天。盛熱煩機括。即苦樂兩忘之心獨行。研窮心境所交無地。如是一類。名無熱天。微煩名熱十方世界。統指大千國土言之妙見圓鑑澄明。更無塵象一切沈垢。指四禪中定慧之障也如是一類名善見天精見現前陶鑄無礙言其定慧精明融鍊自在也如是一類名善現天究竟羣幾言究竟者研窮之義幾者動之微研窮多念至於一念也窮色性性窮亦究竟之義心既熏多至少色亦窮麤至微窮彼色性之性鄰入空無邊際如是一類為色界最頂故名色究竟天阿難此五不還天彼諸四禪四位天王獨有欽聞不能知見如今世間曠野深山聖道場地皆阿羅漢所住持故世間麤人所不能見

文句引幽溪曰初無煩天即離修下品謂行人先入四禪定已於此定中先起多念無漏心相續現前次起多念有漏心相續現前又起多念無漏心

相續現前。如是漸漸減至二念無漏。二念有漏。二念無漏時名雜修加行成滿。次起一念無漏。一念有漏。一念無漏。至此名為根本成滿。由此有漏無漏間雜修故。名為雜修。亦名夾熏禪。以用無漏夾熏有漏色定。轉明果報轉勝。由此資故業故。從廣果沒。便生無煩天也。稍離定障。名為無煩。煩即是障。障即苦樂兩鬬也。次無熱天。即雜修中品。有六心。用前下品三心為加行。更引三心。一念無漏有漏無漏為根本。資其故業。從廣果沒。能超無煩生於無熱天。蓋前鬬心雖不交。於苦樂猶有不交者在。今則機括獨行。研交者無地。則其熱亦無。三善見。即雜修上品有九心。用前六心為加行。更起三心為根本資其故業。從廣果沒。生善見天。無漏功著定慧障亡。故能十方世界妙見圓澄。名善見天。蓋前天雖無熱。猶有機括獨行者在。不得稱為善見。今則獨行機括。亦無。十方世界。惟一妙見也。四善現。即雜修上勝品。有十二心。用前九心為加行。更引三心為根本。資於故業。超三生四。蓋前雖善見。未能轉變自在。今既無塵象沈垢。猶如陶師。著少泥於輪上。一撥便轉。大小器具。隨行施設。無所不可能起十四變化自在故名善現五色究竟卽雜修上極品有十五心用前十二心為加行更引三心為根本資於故業能超四天生色究竟無煩壽一千大劫身一千由旬無熱壽二千大劫身二千由旬善見壽四千大劫身四千由旬善現壽八千大劫身八千由旬色究竟天壽一萬六千大劫身一萬六千由旬結中云四位天王不能知見者由其凡聖異途故也然據起世等經則五不還天倍倍居上若據此經文意似與四禪同在一處而凡聖自殊途耳恐亦如方便之與同居具有橫豎

二論不可偏執一途也。詳之問曰。彼之天王。既是菩薩云何不能知見三果境耶。答曰。惟其菩薩示現所以迹同諸天。相與欽聞五不還天。生其出世善根也。

(壬)三總結其名

阿難是十八天。獨行無交。未盡形累。自此色究竟天五淨居天已還至梵衆皆名為色界。

文句。獨行無交。言其無有情欲。異欲界也。未盡形累。言其尚有色質。異四空也。故總名為色界。

(辛)三無色界五。初簡去迴心不入。二別明四空天相。三更判凡聖二類。四總辨王民不同。五結成無色名目。

(壬)今初

復次阿難。從是有頂色邊際中。其間復有二種岐路。若於捨心。發明智慧。慧光圓通。便出塵界。成阿羅漢。入菩薩乘。如是一類。名為迴心大阿羅漢。

文句。此先明色究竟中。一類利根之人。慧性增上者。不入四空處也。并下一類鈍根入四空者。共名二種岐路。

(壬)二別明四空天相

若在捨心。總指捨念清淨眾同分地言之也。雖似獨説鈍根那含。其實兼攝廣果無想凡夫外言半分者既無外塵可緣。但獨有緣內識處之半分也。

道。故長水曰。捨心有二。一者若於有頂用無漏道斷惑入空。即樂定那含也。二者若於廣果用有漏道伏惑入空。所謂捨厭成就。覺身為礙。銷礙入空。如是一類名為空處。即凡夫外道也。諸礙既銷。無礙之無亦滅。其中唯留阿賴耶識。此云藏識。具有能藏所藏。執藏義故名阿賴耶。即第八識也。末那此翻染汙。即第七識。此第七識無始以來妄執第八識之見分為內自我。今言全於末那。正顯俱生我執全在。分毫不曾伏斷也。半分微細。指第六識無復外塵可緣。其相微細。不但非色。亦且非空。如是一類名為識處。空色既亡。識心都滅。則幷其第六識之內緣者亦伏故。十方寂然。迥無攸往。如是一類名無所有處。第八識性。從來不動。不可斷滅。令以妄滅之心強加窮研。於此無盡性中。虛妄發宣。為一盡性。故使第八識性如存而不存。以其不可見故。第七執我之心若盡而非盡以其執此生死妄想誤為真實未斷非非想處愛故如是一類但離下地麤想故名為非想不達妄想無性不入泥洹真無想道故名非非想處也。空處壽二萬大劫。識處壽四萬大劫。無所有處壽六萬大劫。非非想處壽八萬大劫。

(壬)三更判凡聖二類

此等窮空不盡空理。若從不還天聖道窮者。如是一類名不迴心鈍阿羅漢。若從無想諸外道天窮空不歸。迷漏無聞。便入輪轉。

文句。此等窮空。言既以空而滅色。復以識而滅空。又以無所有而滅識。又以非想非非想而滅無所有。則於空境可謂竭盡心力矣。然空理不居色外。

今既離色求空，豈盡空理。此鈍根那含，與凡夫外道，所以同歸迷悶也。但此中若從不還天聖道窮者，直待非非想處八萬大劫壽滿，方出三界，生方便有餘穢土，名不迴心鈍阿羅漢。若從無想諸外道天，及廣果凡夫來者，則一味求空，不知回頭觀察真空道理，名為窮空不歸，此乃迷有漏天作涅槃想，既不聞出世真正法門，則報盡還墮，隨其夙業，依舊輪轉於七趣矣。

㊀四總辨王民不同

阿難，是諸天上，各各天人，則是凡夫良由往昔修善業故，感天趣之果。以酬答之將來酬答既盡。還入輪迴。彼之天王。即是菩薩。遊三摩提。漸次增進。迴心以向聖倫。為成正覺所修行路。

文句。此文宜在下科之後。乃是通緒三界之文。今既錯簡在此。另作一科釋之。是諸天上者。總指欲界六天。色界十三。及無色四。惟除五不還天。非此所指。以非凡夫酬業處故。言菩薩所修行路者。如華嚴經。三地多作帝釋天王。四地多作夜摩天王。乃至八地多作小千世界梵王。九地多作中千世界梵王。十地多作大千世界大梵天王等是也。孤

山曰遊三摩提者以菩薩善入出住百千三昧故住此定而為天王九次第定名善入師子奮迅名善出超越三昧名善住一一皆能深達實相號首楞嚴

㊀五結成無色目

阿難是四空天身心滅盡定性現前無業果色（唯有定果）色從此逮終名無色界

文句色蘊銷亡名身滅盡四蘊精微名心滅盡定性現前者仍有定果色也無業果色者凡外肉天二眼所不能見所以名為無色界也從此逮終者

言此外更無別天。當知三界虛妄之相，終於此矣。

初別示諸天境

(庚)二總結虛妄

此皆不能了達妙覺明心之故，所以積虛妄以發生，於本無三界之中，妄見有三界。故諸天盡於其報。中間妄隨七趣沉溺。曾無休息。補特伽羅，各從其類。而受生也。

文句。補特伽羅，此翻有情，亦翻數取趣，謂諸有情，起惑造業，隨趣受生，於三界中，數數有所取著也。

(己)七示修羅趣

復次阿難。如是三界之中，復有四種阿修羅類，勝劣不等。

右於鬼道中發心以護法力乘其神通入於空界此阿修羅從卵而生鬼趣所攝若於天趣中降德貶墜其所卜居鄰於日月此阿修羅從胎而出人趣所攝有修羅王執持世界有大神力洞徹諸天無所怖畏能與梵王及天帝釋四天爭權此阿修羅因變化而有天趣所攝阿難別有一分下劣修羅生大海心沈水穴口旦遊虛空暮歸水宿此阿修羅因濕氣有畜生趣攝

文句阿修羅具如前釋鬼道護法力者是其先因此由善力而升者也天中降德亦是先因此由業力而墮者也執持世界者亦能驅役鬼神禍福人

閒。但其權不及天。故每怒而爭之。本與帝釋爭權。而四王常為帝釋先鋒。或時帝釋不勝。亦求梵王等助力也。此即修羅中王。其居皆在須彌山下。大海之中。彼下劣修羅。則其所統之人民耳。孤山曰。若依七趣。優劣則修羅在人趣下。今為攝屬不定。故在其後。幽溪曰。六道攝屬。各有定處。惟修羅攝屬四趣者。不特顯果報之有四種。將是每一種下。亦雜具四因。惟觀其何因為多。以墮其趣。如中品十惡為鬼道因。下品十惡為畜道因。中品十善為人道因。上品十善為天道因。若善惡業純。則隨受鬼畜人天之報。其或倏焉為善。倏又為惡。倏焉而下。倏又為上。或善惡交戰於一生。或上下交攻於一念。況復心懷猜忌。事欲勝他。故令垂終受報。強者先牽。或為鬼道而卵生。乃至或為畜道而濕生。然雖為鬼道。又能乘通入空。雖為畜道。又能旦遊虛空非兼人天福乎。至於人天二趣攝者。雖居鄰日月。力洞無畏。仍有苦具。日夜三時。非兼鬼畜罪乎。故諸天與修羅戰時。每以人間善惡多少而卜勝負。善多則天勝。不善多則修羅勝。一日方相戰。而天帝乍勝乍負者再。正緣世有一人欲為善。而忽有惡念間之，欲為惡，而又有善念間之，由其持疑未決，故令天帝若此，每見今之為行者是非美惡雜糅，神襟猜忌之念容存，好勝之心不免，亦當以是而為戒也。二別示七趣竟。

㊀戊 三結示勸修二，初結示迷妄，二舉悟勸修。

㊀己 初中二，初結成妄果本空，二重示妄因顛倒。

㊀庚 今初

阿難，如是地獄，餓鬼，畜生，人及神仙天，洎修羅，精詳研究彼七趣等，皆是由於昏沈諸有為相，因妄想受生，妄想隨業，而受苦趣，若於微妙圓明無作本心，回看七趣，皆如空華。元無所著。但一虛妄。更無根蒂頭緒之可得。文句。精研者。微細推窮也。昏沈是惑。有為是業。受生隨業。是其果報。所謂惑業苦三如惡叉聚也。苦即法身。故名為妙。惑即般若。故曰圓明。業即解脫。故名無作。是知妙圓明無作本心。猶如太虛。惑業苦三均為華相。故曰但一虛妄更無根緒也。既稱元無所著。則知虛妄七趣元不礙於佛體真實。既稱更無根緒。則知此道非本來有矣。

(庚)二重示妄因顛倒

阿難。此等眾生。不識本心。受此輪迴。經無量劫。不得真淨皆由隨順殺盜婬之故。縱能反此三種。又則出生無殺盜婬。有三惡名鬼倫。無三惡名天趣。有無相傾。故起輪迴性。無有盡期。

文句。出生無殺盜婬正指舊醫十善戒法。及欣厭事禪而言之也。有名鬼倫者。現在即是三惡趣因。將來決招三惡趣果也。無名天趣者。現在即是三善趣因。將來決招三善趣果也。對有說無。對無成有。不達出世妙戒。妙定妙慧。則終於輪迴而已。所謂一翳在目。空華亂墜者非耶。是知空本無華。雖不須掃。目中有翳。還賴金錍矣

㊀己 二舉悟勸修二。初正舉悟境。二結勸真修。

㊀庚 今初

若得妙發三摩提者。則妙常寂。有三無三之二。皆無矣而無二亦滅。斯則尚無不殺不偷不婬。云何更隨殺盜婬之事也。

文句。妙發三摩提。言出世妙戒。依於首楞嚴王三昧。而開發也。妙戒若發。則波羅提木叉戒。即無漏戒。故常。即是禪戒。故寂。猶向所云。婬機身心俱斷。斷性亦無等也。有無二無。故不墮凡夫地。無二亦滅。故不墮二乘地。斯則并其不殺不盜不婬之相

尚不可得。云何更有殺盜婬事耶。得此一語。方知無相妙戒。不是破戒。倘有殺盜婬事。仍是鬼倫而已。無慚之輩。其可藉口乎哉

㊄二結勸真修

阿難。由不斷三業。故各各有私造。即別業也。因各各私造。衆私同分。即彼相似別業。所同感之依界也。非無定處。從此便有七趣定處。此諸別業。及諸定處。總是自妄發生。而生妄更無別因。是故無可尋究。汝勗修行。欲得菩提。但須要除心中三惑。則因窮果盡。譬如翳除則華自滅。華滅則空自呈矣。三惑者。即婬心殺心偷心也。由惑起業。故必斷惑。方除妄根耳。不盡三惑。縱得五種神通。皆是世間有為功用。非無漏道。以但伏現習氣不

滅。必落於魔道。雖欲除妄。以火救火。豈非倍加虛偽。如來說為可哀憐者。汝妄自造。自受。非菩提咎也。作是說者。名為正說。若他說者。即魔王說。大章第五廣示七趣竟。

㊁六借無聞比丘為語端。而備明五陰魔境。意顯若無中道妙慧。并失中道妙戒也。由無相似中道慧。所以或墮魔境而破戒。或墮外道而破見。破戒破見。總是違犯波羅提木叉。由無分證中道慧。所以或成聲聞。或成緣覺。而破菩提心戒。故云無慧并無戒。文分為二。初正明禪境。二更斷餘疑。

㊀初中三。初結前生後。二時眾佇誨。

凭皮冰切音平說文依几也

三總別開示。(丁)今初

即時如來將罷法座。於師子牀攬七寶几。迴紫金山再來凭倚。普告大眾及阿難言。汝等有學緣覺聲聞今日既能迴心趣向大菩提無上妙覺之果。吾今已說真修行法。然汝等猶未識修奢摩他毘婆舍那微細魔事。誠恐魔境現前。汝不能識。則洗心非正。落於邪見。或汝陰魔。或復天魔。或著鬼神。或遭魑魅。心中不明。認賊為子。又復於中得少為足。如第四禪無聞比丘。初因不達法相。妄言證聖。及至天報已畢。衰相現前。不知自求證果。反起謗心以為我今是阿羅漢。仍復身遭後有。佛是妄語。由此謗心。墮阿鼻獄。汝應諦聽。吾今為汝子細分別。

文句。此禪那中。所現魔境。非一切智莫能辨識。故今迴紫金身無問自說。乃是最後深慈也。洗心非正。謂不能以正法洗心。幽溪曰。洗心有二義。一凡修禪。先須洗滌先心。從前所有邪惡知見。悉從懺斷。猶如除去毒蜜。灰香蕩滌。方貯甘露。一有不盡。便為致魔之端。二者所修圓頓止觀。乃是洗煩惑之慧水。不與三止三觀相應。便為非正。即落魔道也。或汝陰魔等者。通則五十重境。皆名陰魔。並依五陰起故。別則色陰十境。但是陰中自現。直名陰魔。受陰十境則有外魔入心。兼遭魑魅。想陰十境。兼有天魔。及著鬼神。行識二十重境皆是得少為足之流類也。又摩訶止觀廣明十境。一陰界入。二煩惱。三病患。四業相。五魔事。六禪定。七諸見。八上慢。九二乘。十菩薩。惟陰界入是初心所常觀境。餘之九境待發方觀。不發不觀。今以二十五境而為圓通之門。正是初心常觀陰界入也。此五陰境具有煩惱業相魔事禪定諸見上慢及二乘境。惟缺病患及菩薩耳。然偏教菩薩。亦可合於二乘境中。而總示云。當處禪那。覺悟無惑。則彼魔事無奈汝何，正所謂待發方觀，不發不觀者也。

(丁)二時眾佇誨

阿難起立并其會中同有學者歡喜頂禮，伏聽慈誨。

(丁)三總別開示三 初總明魔事之由，二別顯境發之相，三結勸欽誨遵修。(戊)初中二，初正明魔動因由，二勸誡迷悟得失。(己)今初

佛告阿難，及諸大眾，汝等當知，有漏世界十二類生，只今現前本覺妙明覺圓心體，元自與十方佛無二無別，由汝妄想迷，背真理，而為過咎，遂有根本癡受，發業潤生，生力發明，徧迷覺體，故有空性，化迷不息，有世界生，則此十方

微塵國土。非成無漏者。皆是迷頑妄想之所安立。當知虛空。生汝現前一念見聞心內。猶如片雲點太清裏。況諸世界在虛空耶。是故汝等一人發真歸元。此十方虛空情見皆悉銷殞。云何空中所有國土。而不振裂。汝輩修禪飾三摩地。便與十方菩薩。及諸無漏大阿羅漢。心精通脗混同一際無生體露故當處湛然。一切魔王。及與鬼神。諸凡夫天各各見其宮殿無故崩裂。大地為之振坼。水陸為之飛騰。所以無不驚慴。世間凡夫昏暗。故不覺其遷變差訛。彼等咸得五種神通。唯除漏盡。戀此塵勞。如何令汝摧裂其宮殿處所。是故鬼神。及諸天魔。魍魎妖精。於汝三昧

僉皆也

之時，僉來惱汝。理必然也。

文句，飾莊嚴也。以功德智慧莊嚴法身，則修德有功，性德方顯，故與菩薩羅漢心精洽湛也。凡夫昏暗，不覺遷訛者，譬如人在大舟之中，舟行人尚不覺，況世界震動，凡夫那知。餘皆如文。

㊀二勸誡迷悟得失二。初勸悟則成得，二誡迷則成失。

㊁今初

然彼諸魔雖有大怒，不足為害者。彼在塵勞之內，汝居妙覺之中。彼魔作難，如風吹光，如刀斷水，了不相觸。汝如沸湯，彼如堅冰，煖氣漸鄰，不日銷殞。彼魔徒恃神力，但為其客。而成就破亂。非由於客。由汝心中五陰主人。主人若迷。認賊為子。客得其便。劫汝家珍。果當處禪那覺悟無惑。則彼魔事。無由奈汝何矣。由汝陰銷入明。則彼羣邪。咸是稟受幽氣。今明能破暗。近自銷殞。如何敢留擾亂禪定。文句。此中凡舉四喻。一者風吹光。二者刀斷水。但是。不動不傷。明其無害而已。三者湯消冰。四者明破暗。則不惟無害。又能轉魔界為佛界矣。修心之士。其可不自勉乎。

(庚) 二誡迷則成失

若不明悟。一切境界。皆依陰發。故但云被陰所迷也。以離五陰。則無天魔鬼神可得。故若被其迷。則汝阿難。必為魔子。成就魔人。如摩登伽。殊為眇劣。彼唯以邪咒加汝。使汝破佛律儀。於八萬行中。秖毀一戒。心清淨故。尚未淪溺。此乃隳壞汝之寶覺全身。如宰臣之家。忽逢天王籍沒。言沒其屬籍。世無食祿。宛轉零落。饒汝縱有神力。無可哀救。

(戊)二別明境發之相五 初明色陰境至五明識陰境。

(己)初中三。初總示陰相。二別明發相。三結過勸示。

(庚)初又四。初標示圓通正行。二正示色陰區宇。三懸示色陰盡相。四結示本惟妄想。

(辛)今初

阿難當知汝坐道場銷落諸念其念若盡則諸離念一切精明動靜不移憶忘如一當住此處入三摩地

文句道場者修道之場若據佛世及末世利根止取可安居處便為道場若欲事理並修剋期取證則指三七壇儀之後即於此處修三摩地乃至端坐安居經一百日名為坐道場也銷落諸念即入流亡所正修功夫以一心圓頓止觀隨觀一境銷鎔五陰生死情計譬如大冶鑄金故名為銷令彼垢除故名為落其念若盡通則從觀行盡至究竟盡別則且約觀行名盡所謂初登五品圓伏五住

煩惱也離念一切精明通亦從觀行離至究竟離則有觀行精明乃至究竟精明今且約觀行言之既登觀行一品便能動靜不移憶忘如一觀音所謂所入既寂者是也當住此處入三摩地者印成下手功夫正應如此也然此處有二義一約觀二約境約觀者即是離念精明之處約境者即是事理二境各有通別通者二十五門為事境門門所具如來藏性為理境別者耳門為事境聞性本圓本通本常為理境今正合明以此離念精明之觀住於耳根聞性圓通常處乃可入三摩地也利根

之士。便從此處一超直入。若色陰習强。則有幽暗區宇現在前耳。

㊉辛 二正示色陰區宇

如明目人。處大幽暗。精性妙淨。心未發光。此則名爲色陰區宇

文句。此明觀行位中。色陰現前之相也。圓解已開。故如明目之人。事障未破。故如處大幽暗。了知色陰本如來藏。故云精性妙淨。理境未現。故云心未發光。被此虛妄色質。覆障真性。故名色陰區宇。區者。區局。宇者。處所也。

㊅三懸示色陰盡相

若目明朗，十方洞開，無復幽黯，名色陰盡，是人則能超越劫濁。

文句十方洞開無復幽黯者，即所謂動靜二相了然不生，乃至明暗通塞，恬變合離生滅，種種二相，皆悉了然不生，故名為色陰盡，超劫濁也。同居十方洞開則六凡色陰盡，方便十方洞開則二乘色陰盡，實報十方洞開，則菩薩色陰盡，如次超於三土劫濁，又有觀行開觀行盡，觀行超，乃至究竟開，究竟盡，究竟超之不同，須以第二卷中，釋五陰文。

及第六卷釋圓通文與此對參方知此文脈絡旨趣

(辛)四結示本惟妄想

觀其所由堅固妄想以為其本

文句夫九界眾生於此漏無漏色誰不以為定有實法良以不曾子細觀其所由故也今以佛眼照窮色陰之源不過由於堅固妄想所謂隨眾生心應所知量循業發現豈真有堅固之實色哉但是妄想謂堅固耳堅固妄想為本則是無本所以圓頓止觀一起彼則隨盡也設有實法如何可盡設

不達其元。非實法。惟屬妄想。如何可成圓頓止觀。思之思之。下皆准此。

(庚)二別明發相十。初精明外溢身能出礙。至十邪心含魅妄見妄說。此之十境。或先或後。或發不發。或有並發。或復重發。事非一致。今但次第詳列。令行人知是色陰境耳。

(辛)今初

阿難。當在此中者即前文所謂此處。指於即事之理境也。精研指觀行之功。妙明。指藏性之理。通在二十五境。別在耳門。由其精研妙明。能令四大不織是故少選之間。身能出礙也。言身能出礙者。依於色陰所發之境也。此名精明流溢前境。出其境界之名也。斯但功用暫得如是。明其發境之由。由於功用。功用

蟯蛔 蟯如招切音饒說文腹中短蟲也蛔胡隈切音回同蛕說文腹中長蟲也

至此亦是善現。但既非為聖證。切不可作聖心耳。夫魔之乘人。必伺其或怖或喜。今云非為聖證。所以斷其妄喜。又云名善境界。所以斷其妄怖也。若作聖解。即受羣邪。修心者知之。

(辛)二精明內溢拾出蟯蛔

阿難。復以此心。亦指觀行之心。精研妙明。於其身內。心光洞徹。是人忽然皮膚不隔。通見五臟。於其身內。以手拾出蟯蛔。未生怨經云。身有八萬戶。戶有百數種蟲。蟯蛔。腹中蟲也。身相宛然。亦無傷毀。此名精明。流溢形體。斯但精行。亦功用也。暫得如是。非為聖證。不作聖心。名善境界。若作聖解。即受羣邪。

(辛)三精魄合離空中聞法

又以此心。初文雖云精研妙明。而是外研居多。是故精明流溢前境。次文雖亦精研妙明。而是內研居多。是故精明流溢形體。今則內外並以精研。其時故令魂魄意志精神。醫書云。肝藏魂。肺藏魄。脾藏意。膽藏志。腎藏精。心藏神。神俱失其位。流出於外。遞相依附。但除第八執受總報之身。居然不改。餘魂魄意志精神。皆互相涉入。互為賓主。吳與曰。餘五入魂。則魂為主。五為賓。乃至入神。則神為主。餘為賓。忽於空中。聞說法聲。或聞十方同敷密義。此名精魄遞相離合。或離心而合肺等。故互為賓主。良由於此一切唯心唯心所現諸法。皆不可思議也。此但成就善種。暫得如是。非為聖證。不作聖心。名善境界。若作聖解。即受羣邪

㊇辛 四心魂染悟見佛踞臺

又以此心澄者、妙止之功、露者、妙觀之力、澄以妙止、露以妙觀、使此心皎潔瑩徹、故得內光發明、報土乍現、故十方國土徧作閻浮檀金之色也、一切有情種類化為如來、於時忽見毘盧遮那、此云光明徧照、即是法報合身、踞天光臺、千佛圍繞、百億國土、及與蓮華、俱時出現、蓋觀行中、所觀色陰、元不局於同居、此名心魂靈悟所染者、蓋尋常習聞教相、曾知華藏境界、熏成種子於心魂也、今既心光研明、照諸世界、暫得如是、非為聖證、不作聖心、名善境界、若作聖解、即受羣邪、

㊇辛 五精明逼現空成寶色

又以此心、精研妙明、觀察不停、抑按降伏、制止皆是圓伏

五住之功。超越二字。言其用功精進過分也。於時忽然十方虛空成七寶色。或增為百寶色。七寶百寶。同時徧滿十方虛空。不相留礙。青黃赤白。各各純現。各色光明。不相留礙。此名抑按功力逾分。暫得如是非為聖證。由圓解力。於觀行中。暫時橫見寂光境界。非關斷惑。故不可作聖解。不作聖心。名善境界。若作聖解。即受羣邪。

(辛)六心見密澄暗室覩物

又以此心。研究澄徹。言澄徹者。寂照之體也。由研究而精心發光。從定起而不亂。故忽於夜半。在暗室內。見種種物不殊白晝。而暗室之物。亦不除滅。蓋鬼神諸趣。恒與人間雜居。互不相礙。互不相見。今以心細所視洞幽。方乃別見種種異物。而暗室物。亦不除滅。則仍不相礙也。此名心細密澄其

見所視洞幽暫得如是非為聖證不作聖心名善境界若作聖解即受羣邪

㊅七塵併入純燒斫無礙

又以此之心體本自虛融由堅固妄想而生窒礙今以止觀之功圓入虛融之性四體忽然同於草木火燒刀斫曾無所覺又則火光不能燒爇縱割其肉猶如削木此名塵併排四大性一向入純暫得如是由深觀內四大性與外四大均是唯心所現無我我所故名排曰大性而令塵相併銷也然但觀行暫成豈容以此濫聖非為聖證不作聖心名善境界若作聖解則受羣邪

㊅八凝想化現徧見諸界

又以此定心。研窮欣厭。習氣內融。故成就清淨。淨心之功既極。外器虛明。忽見大地十方山河皆成佛國。具足七寶光明徧滿。同居淨土也。由觀成念佛。又見恒沙諸佛如來。徧滿空界。樓殿華麗。由昔聞地獄天堂之果報故今下見地獄。上觀天宮。得無障礙。若淨若穢無不洞矚。此名欣厭凝想日深。想久化成。言欣厭者。欣淨厭穢之心也。淨穢雖並唯心。不妨熾然欣厭。欣厭若極與不欣厭。亦非異轍。是故圓頓行人。正可求生淨土。但聖境雖現。不可妄作聖心耳。諸佛正徧知海。從心想生。是心作依作正。是心是依是正。了知唯是想久化成。不作聖解。如遠公三見聖相。何過之有。此亦偶爾影現。非為聖證。不作聖心。名善境界。若作聖解。即受羣邪。

㊉辛九逼心飛出夜見遠方

又以此心研究深遠。觀於事境理諦。豎窮橫徧之體性也。忽於中夜。遙見遠方市井街巷親族眷屬。或聞其語。此名迫心逼極飛出。亦是暫時境界耳。故多隔見。緣影未破。豈聖證乎。故非為聖證也。不作聖心名善境界。若作聖解。即受羣邪。

(辛)十邪心含魅妄見妄說

又以此心研究精極。言其研究功深至此。則與菩薩羅漢心精將溜。色陰將破。虛空將殞。故魔事從此而發也。或於定中妄見善知識形體變移。少選無端種種遷改。現佛現通。當知此名偶因邪心含受魑魅。有此妄見。非真見聖相也。又或偶遭天魔入其心腹。令此行人自己無端說法。通達妙義。非為聖證。當知此是魔力使然。非為真實心開也。此雖防心不密。致使魔魅得入。若能不作聖心，則魔事終歸銷歇。若其妄作聖解，乃中天魔計耳，故云即受羣邪。

（庚）三結過勸示

阿難，如是十種禪那現境，皆是色陰用心交互，故現斯事，衆生頑迷，不自忖量，逢此因緣，迷不自識，謂言登聖，大妄語成，墮無間獄。汝等當依如來，滅後，於末法中，宣示斯義，無令天魔得其方便，保持覆護，成無上道

文句，言此十種境界，從禪那中發現者，皆由無始虛妄色陰，與今所用妙止觀心，能所交互，故現斯

事也。蓋能觀之心如鑽。所觀陰境如木。陰中藏性如火。種種現境如煙。鑽火得煙。則知去火不遠。故一一名善境界。見煙而止。則火不可得。損木損工。譬如中途迷惑。反受羣邪也。下皆准知

(己)二明受陰境三。初總示陰相。二別明發相。三結過勸示。

(庚)初中四。初結前色陰盡相。二正示受陰區宇三懸示受陰盡相。四結示本惟妄想。

(辛)今初

阿難。彼善男子修三摩提。奢摩他中色陰盡者。見諸佛心。如明鏡中顯現其像。

文句大佛頂首楞嚴王三昧始終皆以止觀而為體用今言奢摩他中舉止以攝觀也同居色陰盡見佛一切智心方便色陰盡見佛道種智心實報色陰盡見佛一切種智心又達三土色陰即空名盡見佛一切智心達三土色陰即假名盡見佛道種智心達三土色陰即中名盡見佛一切種智心也則有觀行見相似見乃至究竟見之不同利根之人一盡一切盡一見一切見若受陰習強者則於觀行位中又現客邪區宇

(辛)二正示受陰區宇

若有所得而未能用。猶如被魘之人。手足宛然。見聞不惑。但心觸客邪。而不能動。此則名為受陰區宇。

文句觀行見於佛心。故若有所得。未與法流水接。故猶未能用也。受以領納前境為義。今六根雖不緣塵。而領納之習仍在。所以猶如魘人。了知六入本如來藏。故喻之以手足宛然。見聞不惑。三土虛妄受陰。喻以客邪。不得去住。自由。喻不能動。蓋雖非實有外邪。只此受陰區宇便是心觸客邪也。

(辛)三懸示受陰盡相

若魘咎歇。其心離身。返觀其面。去住自由。無復留礙。

名受陰盡，是人則能超越見濁。

文句：聞所聞盡，如魔咎歇，無所執受，故心得離身，離分段身，則於同居去住自由；離變易身，則於方便實報去住自由。餘如耳根圓通中說。

(辛) 四結示本惟妄想

觀其所由，虛明妄想，以為其本。

文句：因於違順妄境，生諸損益，妄受虛有所明，是受陰相。此之虛明，但是妄想，非真有虛明也。既識其本，則不被其所惑矣。

(庚) 二別明發相十 初過抑生悲 至 十愛極成貪

(辛)今初

阿難彼善男子當在此中。（事理二境觀行三昧之中也。由觀行力破色陰境故能）得大光耀。（由其受陰未破故）其心發明（種種諸受境界。蓋受有五種。一苦。二樂。三憂。四喜。五捨。今之悲心。乃緣眾生苦受而發也。雖似大悲。實依受陰。祇因）內抑過分（而發。）忽於其處發無窮悲如是（觀水陸空界一切眾生。）乃至觀見蚊蝱。猶如（已之）赤子。（見其苦惱。）心生憐愍。不覺流淚。此名功用抑摧過越（而發。）悟則無咎。非為聖證。（所貴）覺了不迷。久自銷歇。（庶不招魔成失耳。）若作聖解。則有悲魔（乘間）入其心腑。見人則悲。啼泣無限。失於正受。當從淪墜。

(辛)二感激生勇

阿難又彼定中諸善男子見色陰銷受陰明白勝相現前（於觀行定中剎去一層色礙境界露出一種虛明境界故）感激過分忽於其中生無限勇其心猛利志齊諸佛謂三僧祇一念能越此名功用陵（蔑輕）率過越（此緣自心樂受而發）悟則無咎非為聖證覺了不迷久自銷歇若作聖解則有狂魔入其心腑見人則誇我慢無比其心乃至上不見佛下不見人失於正受當從淪墜

㊉辛 三智衰成憶

又彼定中諸善男子見色陰銷受陰明白（受陰未破故）前無新證（色陰既銷故）歸失故居（由）智力衰微（進退之間杳無所依名）

入中隳地。前後皆迷。迴無所見。此緣自心捨受。而心中忽然生大枯渴也。病在定過於慧。所以於一切時。沈憶不散。復將此沈憶不散。以為勤精進相。此名修心無慧自失。悟則無咎。非為聖證。若作聖解。則有憶魔乘間入其心腑。旦夕撮心懸在一處。失於正受。當從淪墜。通議。以沈憶為精進。名無慧自失。非聖證也。不悟其非。則憶魔入心。而心如懸撮。失正受矣。

㊁辛 四慧勝成劣

又彼定中諸善男子。見色陰銷。受陰明白。溫陵曰。前以定強智微。此又慧力過定。失於猛利也。以諸勝性。謂佛性本來具足。不假修成故。懷於心中。自心已疑是盧舍那。更不求進。得少為足。蓋緣喜受而生勝性也。此名用心忘失恒審。唯溺於已之知見。即佛知見。執性廢修。悟則無咎。非為聖證。若作聖解。則有一種下劣易知足魔入其心腑。見人便自稱言我得無上第一義諦。失於正受。當從淪墜。

(辛) 五失守生憂

又彼定中。諸善男子。見色陰銷。受陰明白。新證未獲。亦指受陰未破。故心已亡。亦指色陰先銷。歷覽色陰已盡。受陰非實。於此二際。俱難依倚。如履懸崖。自生艱險。由宿昔憂愁種子。被定激發。於心忽然生無盡憂。如坐鐵牀。如飲毒藥。心不欲活。常求於人。令害其命。早取解脫。由定慧俱劣。復緣憂受。而求自害也。此名修行失於方便。

悟則無咎，非為聖證。若作聖解，則有一分常憂愁魔，入其心腑，手執刀劍，自割其肉，欣其捨壽。或常憂愁，走入山林，不耐見人，失於正受，當從淪墜。

㊇六慧劣成喜

又彼定中，諸善男子，以定力研窮，見色陰銷盡，受陰明白。處清淨中，心安隱後，忽然自有無限喜生，心中歡悅，不能自止。此名輕安，無慧自禁。吳興曰：輕安，七覺支中，其體屬定，定若兼慧，正道可通。今所發者，既無慧自持，則定翻成散，魔得其便，故喜樂生焉。悟則無咎，非為聖證。若作聖解，則有一分好喜樂魔，入其心腑，見人則笑，於四衢路傍，自歌自舞，自謂已得無礙解脫。如刀山火聚。總是道場。酒肆婬房。無非解脫。失於正受。當從淪墜。

㊅七見勝成慢

又彼定中。諸善男子。見色陰銷盡。受陰明白處。自謂修行已足。亦緣喜樂而生諸慢也。忽有無端恃己陵他大我慢心起。如是乃至同德相傲。但名為慢。與同爭勝。名為過慢。及勝爭勝。名慢過慢。或未得謂得。名增上慢。或以劣自矜。名卑劣慢。不禮塔廟等。即是邪慢。共名七慢。一時俱發。故心中尚輕十方如來。何況下位聲聞緣覺。而不輕乎。此名唯見己靈為尊勝。故無慧自救。成其諸慢。悟則無咎。非為聖證。若作聖解。則有一分大我慢魔。入其心腑。不禮塔廟。摧毀經像。謂檀越言。此是金銅或是土木。經是樹葉。或是氍毹華。計肉身為真常活佛。不自恭敬。卻崇土木。守鄙語為無字真經。何用樹葉氍毹華。實為顛倒。大言不慚。欺已欺人。其深信者。從其邪說毀經。碎佛。埋棄地中。疑誤眾生。入無間獄。失於正受。當從淪墜。

㊉辛 八輕安自足

又彼定中。諸善男子。見色陰銷。受陰明白。於精明中。指色銷之境界。圓悟精理。言悟此受陰本如來藏得大隨順。亦是喜樂二受。故其心忽生無量輕安。而自已言成聖得大自在。不求前進。此名因慧。而暫獲諸輕清。既得輕清。便自謂足。仍是定過於慧。故成無聞比丘。良由不達法相故也。悟則無咎。非為聖證。若作聖解。則有一分好輕清魔入其心腑，自謂滿足，更不求進，此等多作無聞比丘，疑誤眾生，墮阿鼻獄，失於正受，當從淪墜。

㊇ 九空解成斷

又彼定中，諸善男子，見色陰銷，受陰明白，於明悟中，（即是色陰既銷之觀慧中，）得虛明性，（即是受陰性也，此亦緣於捨受而成空解，乃慧多定少之咎，每見今時知識，雖不敢噉肉行婬，而比丘戒法，罕有不判為小乘者，其亦幾隣於魔說矣，豈不險哉，夫末世行人，不執有，則執無，由不達法相，故於所計虛明之無，）其中忽然歸向永滅，撥無因果，一向入空，空心現前，乃至心生長斷滅解，悟則無咎，非為聖證，若作聖解，則有空魔入其心腑，乃謗持戒，名為小乘，菩薩悟空，有何持犯，其人常於信心檀越之家，飲酒噉肉，廣行婬穢，謬言是道，因魔力著體，故攝其現前信心之人，不生疑謗，鬼心久入，或食屎尿，與酒肉等，一種俱空，所以令正信者，而反信邪法。破佛律儀，自誤入罪。令人誤入罪，豈知魔力所為，失於正受，當從淪墜。

㊇十愛極成貪

又彼定中，諸善男子，見色陰銷，受陰明白，味其虛明，以為勝境，遂深入心骨，其心忽有無限愛生，愛極發狂，便為貪欲，以定力激發貪習種子，因而發狂。此名定境安順入心，無慧自持之失，遂致誤入諸欲，悟則無咎，非為聖證，若作聖解，則有欲魔入其心腑，一向說欲為菩提道，且化諸白衣。（不分僧俗）平等行欲。其行婬者。名持法子。（由）神鬼力故。於末世中。攝（受）其凡愚。（轉轉化引）其數至百。如是乃至一百。二百。或五六百。多滿千萬。魔心生厭。離其（彼貪定之人）身體。（則無威德）威德既無。（必）陷於王難。疑誤眾生。入無間獄。失於正受。當從淪墜。

㊄三結過勸示

阿難。如是十種禪那現境。皆是受陰用心交互。故現斯事。眾生頑迷。不自忖量。逢此因緣。迷不自識。謂言登聖。大妄語成。墮無間獄。汝等亦當將如來語。於我滅後。傳示末法。徧令眾生開悟斯義。無令天魔得其方便保持覆護成無上道。

㊀己 三明想陰境三。初總示陰相。二別明發相。三結過勸示。

㊁庚 初中四。初結前受陰盡相。二正示想陰區宇。三懸示想陰盡相。四結示本惟妄想。

㊂辛 今初

阿難彼善男子。修三摩提。受陰盡者。雖未漏盡。心離其形。如鳥出籠。已能成就。從是凡身上歷菩薩六十聖位。得意生身。隨往無礙。

文句。受陰盡相。須約三土。及與六即。今云雖未漏盡。一往且約圓教初信言之。即此根初解之境界也。俱生我執尚在。故未漏盡。分別我執已斷。故心離其形。如鳥出籠。猶前文所謂去住自由也。六十聖位者。三漸次為能增進。五十七位為所增進。能所合稱。共成六十。於六十中。能進三法通於凡聖。所進乾慧是外凡。十信是內凡。餘四十六方名為聖。今通名為聖者。以其從凡入聖。因果理同故也。既登初信。先斷見惑。則勢如破竹。有進無退。由後聖位。令前凡位功行亦不唐捐。所以名為六十聖位耳。意生身者。隨意所到。身則便到。故云隨往無礙。此有三種。一者入三昧樂意生身。初信能得。二

寱 集韻研計切音藝徐鉉曰夢中有言為寱語

者覺法自性意生身八信能得三者種類俱生無作意生身十信能得若至初住分證如來一身無量身所謂中道法身應化之本如天上月普印千江不復名意生身矣

㊗辛 二正示想陰區宇

譬如有人熟寐寱言是人雖則無別所知其言已成音韻倫次令不寐者咸悟其語此則名為想陰區宇

文句利根之人受陰盡時一盡一切盡便能朗然大覺若想陰習強者於觀行中受陰雖復虛妙又現寐寱區宇也想陰未破喻如熟寐受陰虛妙喻

如寱言無別所知者以喻思惑未斷不達真境也言成韻次者以喻觀行功深見惑永伏能鄰聖位也諸佛菩薩喻如不寐之人悉知悉見此善男子與其觀行心精通脗喻如咸悟其語但以虛妄想陰所隔故如醒者能知寐語寐者不知醒人耳

㊉辛 三懸示想陰盡相

若動念盡浮想銷除於覺明心如去塵垢一倫生死首尾圓照名想陰盡是人則能超煩惱濁

文句於覺明心如去塵垢即所謂覺所覺空也一倫生死者倫是類義分段生死自為一類變易生

死、復為一類、首者窮其所自始、尾者究其所由終、了知二種生死、來無所從、去無所至、名為首尾圓照也、同居動念盡、則去見思塵垢、圓照分段生死首尾、方便實報動念盡、則去塵沙無明塵垢、圓照變易生死首尾、則有觀行盡、觀行去、觀行圓照、乃至究竟盡、究竟去、究竟圓照、餘如圓通中釋、

㊉辛四結示本惟妄想

觀其所由、融通妄想、以為其本、

文句、惟此想陰、能為融變、使心隨境、使境隨心、只此融通、實惟妄想、更非別有融通之性可得也、知

此想陰虛妄無本。則不被其所迷矣。

(庚)二別明發相十。初貪善巧想。至十貪長壽想煩惱雖多。貪為上首。一有所貪。便墮魔網。可不戒哉。

(辛)今初

阿難。彼善男子。受陰虛妙。謂於觀行位中。了知受陰本如來藏。不發十種魔事。或雖發而覺悟不惑。故云不遭邪慮也。本以圓解而修圓定。今既不遭受陰中之邪慮。則將轉有漏受成無漏之正受。故云圓定發明也。夫。圓定既得發明。秖須如法精進。從觀行三摩地中。策入相似分證究竟三摩地。則有何善巧之不得。有何法界之不歷。有何機理之不契。有何根本之不析。有何感應之不成。有何靜謐之不入。有何宿命之不知。有何神通之不具。有何深空之不證。有何常住之不獲。而乃忽生心愛圓明無不了知。故勇銳其精思。貪求善巧。譬如鱗角未成。輒思飛躍。羽毛未備。便擬搏扶。學未優而求仕。丹未成而先服。其可乎哉。故知招魔成魔。皆是自心妄想為咎耳。爾時天魔候得其便。謂得此行人貪想之間隙。而可乘之。遂飛遣精靈附其他人。以此行人受陰虛妙。魔不能附。所以轉附他人。口說經法。其人不覺。其人即魔附之人。雖被魔附。彼不自覺。是其魔著。而自言謂得無上涅槃。來彼求巧善男子處。敷座說法。現諸善巧。以逗其貪求。其形斯須或作比丘。令彼人見。或為帝釋。或為婦女。或比丘尼。或寢暗室。身有光明。是人愚迷。是人指修定之行人。惑彼魔附之人。以為菩薩。故信其教化。搖蕩其心。仍是魔附之人。破佛律儀。而潛行貪欲。口中好言災祥變異。不唯惑亂此一行人。亦復徧惑一切也。祥則或言如來某處出世。災則或言劫火或說刀兵恐怖於人令其家資無故耗散此名怪鬼出其魔鬼之名意令行人先覺而罵破之也年老成魔惱亂是人久而厭足心生去彼所附人之體弟子指修定行人與師即指魔附人俱陷王難魔業既熾故魔去每先遭於王難然後墮無間獄汝當先覺不入輪迴勸其覺則成得也迷惑不知墮無間獄誡其迷則成失也所云先覺者或防檢其心令不起貪或貪心初起便能覺破或魔人現巧不受其惑此皆可免輪迴倘一信其教化破佛律儀縱令從此覺知是魔亦已悔之晚矣

㊃二貪經歷想

阿難又善男子受陰虛妙不遭邪慮圓定發明三摩地中心生愛樂遊蕩諸佛剎土豈知無邊剎海不隔毫端若果熟因圓自然發現何

必貪求今則飛其精神思念。貪求經歷法界。爾時天魔候得其便。飛遺精靈。附其他人。口說經法。其人亦不覺知是魔所著。亦言自得無上涅槃。來彼求遊善男子處。敷座說法。雖自形無變。而能變其聽法之人。其聽法者。忽自見身坐寶蓮華。全體化成紫金光聚。乃至一衆聽人各各如是所變妙相。得未曾有。不自變形。而變他形成佛者。由彼貪求經歷佛土。故即現佛國以投其所好也。是修定行人。迷無知惑為菩薩。遂致婬逸其心。破佛律儀。潛行貪欲。口中好言諸佛應現於世。今某處某人當是某佛化身來此。某人即是某菩薩等來化人間。其聽法之人。見此瑞相之故。心生傾仰。如渴求甘露。如是邪見密興種智消滅，此名[即是婬習遇風成形之]魃鬼。[今為魔使，以至]年老成魔。惱亂是[修行]人。[魔鬼既久。]厭足心生，去彼[所附]人[之]體。[貪遊之]弟子。與[說法之]師。[顯異惑眾。被人出首。]俱陷王難。汝當先覺，不[致]入[於]輪迴，迷惑不知，墮無間獄。

㊉辛 三貪契合想

又善男子，受陰虛妙，不遭邪慮，圓定發明，三摩地中，心[之]愛[念纏]緜脗。[合也。謂欲以此心上契諸佛，下合眾生。殊不知工夫若到，寂滅現前，自然上同下含。不必貪求也。今則緜溜。]澄其精思，貪求[機理之]契合。爾時天魔候得其便，飛[遺]精[靈]。附[其他]人。口說經法。其人[被魔所附。]而實不覺知[是]魔[所]著。亦言自得無上涅槃，來彼求合善男子處敷座說法。煽惑行人。自壞禪定。此魔之善巧也。其形及彼聽法之人。外無遷變。由行人有貪契之心。故魔亦現默契之事。令其聽者未聞法前。心自開悟。念念移易。轉轉不同。或得宿命。是已尋常未知。今忽知也。或有他心。是彼尋常所念者。今亦知其所念也。或見地獄。或知人間好惡諸事。或口說偈。或自誦經。此皆是現密機之事。令其聞者。各各歡娛。得未曾有。是行人愚迷。無知。惑為菩薩。亦纏緜生愛。遂其心之所求也。破佛律儀。潛行貪欲。行人既墮魔境中。而魔口中好言佛有大小。某佛是先佛。某佛是後佛。其中亦有真佛假佛。男佛女佛。菩薩亦然。以如是妖言。竦動行人。其行人見。說其故。洗滌本心。言移蕩其正知正見。易入邪悟。謂改正為邪也。

此名誑習遇畜成形之魑鬼。今為魔使。以至年老成魔。惱亂是人。久而厭足心生。去彼人體。弟子與師。俱陷王難。汝當先覺。不致入於輪迴。迷惑不知。墮無間獄。

㊟辛 四貪辨析想

又善男子。受陰虛妙。不遭邪慮。圓定發明。定力研窮。想陰漸消。行陰將現。故於三摩地中。心愛根本者。求萬物之本也。夫恒沙界外。一滴之雨。尚知頭數。現前種種松直棘曲。鵠白鳥玄。皆了元由。此所謂窮覽物理造化性之終始。由是精爽其心。貪求辨析其根元者也。證十力智。自能如圓鏡之普照。豈可妄貪求耶。即此妄貪。便是招魔之端爾時天魔候得其便。飛精附人。口說經法。其人先不覺知是魔所著。亦言自得無上涅槃。

來彼求物化性元善男子處敷座說法身有威神摧伏求者謂以魔力攝伏人心也故令其座下雖未聞法自然心伏是諸人等頒荷邪法展轉化導蠱惑人心者也由彼行人貪求化元所以魔及魔人將佛所說涅槃菩提法身三常住果變其邪說謂即是現前我肉身上父父子子遞代相生即是法身常住不絕即以父子遞代相傳始終不絕以為法身常住都指現在即為佛國無別淨居指依報及金色相指正報其人既信受其言遂亡失先修定之心故身命歸依即信目前父父子子遞代相生者為物化元得未曾有於是日將魔心魔語推究以為至理是等愚迷無知家中內外不分惑為菩薩永為魔眷推究其心穢言煽惑破佛律儀潛行貪欲口中好言眼耳鼻舌皆為

淨土、男女二根、即是菩提涅槃真處、魔之惑人、計已甚矣、若是正氣之人、豈爲所惑、彼無知者、信是穢言、安有不惑者哉、此名怨習遇蠱成形之蠱毒鬼、及誑習遇氣成形之魘勝惡鬼、今爲魔使、以致年老成魔、由彼貪求辨析、故蠱鬼現形、以惱亂是人、久而厭足心生、去彼人體、弟子與師、俱陷王難、汝當先覺、不入輪迴、迷惑不知、墮無間獄、文句、問曰、眼耳鼻舌皆爲淨土、與台宗觀心釋山城等、及六祖直指人心道理不相侔耶、答曰、台宗禪宗、俱是即事明理、未嘗撥事相也、今言無別淨居等、既欲執理廢事、又豈成真理乎、末世禪門、固有類此者矣、

(辛)五貪冥感想

又善男子、受陰虛妙、不遭邪慮、圓定發明、三摩地中

心愛懸遠、感此應彼、即為懸應、日用周流精研感應工夫、故曰貪求冥符感應之道、殊不知正定之心、寂然不動、本無希慕、玄功既著、自然冥符感應、若起心求應、即為病矣、

爾時天魔候得其便、飛精附人、口說經法、其人元不覺知為魔所著、亦言自得無上涅槃、來彼貪求冥應善男子處、敷座說法、能令聽眾、暫見其身、如百千歲、此魔現老人之相也、正示懸應之徵、故行人心生愛染、而不能捨離、願以身為奴僕、四事供養、身亦不覺其疲勞、各各因見其年老、令其座下之人之心、各各知是先師本善知識、別生法愛、黏如膠漆之固結、而不能解、得未曾有、是人愚迷、無知、惑為菩薩、日日親近其心、不知不覺、遂將佛子、轉為魔眷、破佛律儀、潛行貪欲、其魔

既詐現冥感之事口中好言冥感之語我於前世於某生中先度某人當時是我妻妾兄弟今來相度與汝相隨歸某世界供養某佛或言別有大光明天佛於中住此天乃是一切如來所休居地彼無知者信是虛誑遺失本心此名厲鬼即瞋習遇衰成形以至年老成魔今為魔吏惱亂是人厭足心生去彼人體弟子與師俱陷王難汝當先覺不入輪迴迷惑不知墮無間獄

文句問曰前云無別淨居既是魔說今云別有大光明天何亦非耶答曰一人成佛時法界皆為此佛之依正而云別有所休居地則有分劑有方隅

矣。故知末了四土橫豎之義，則說有說無，皆戲論耳。

㊀六貪靜謐想。（應作貪宿命想）

又善男子，受陰虛妙，不遭邪慮，圓定發明，三摩地中，心愛深入，（應作心愛知見）尅己辛勤，樂處陰寂，貪求靜謐。（應作勤苦研尋，貪求宿命）爾時天魔候得其便，飛精附人，口說經法。其人本不覺知魔著，亦言自得無上涅槃，來彼求陰（應作求知）善男子處，敷座說法，令其聽人，各知（宿世）本業（惡因）。或於其處語一人言，汝今未死，已作畜生，敕使一人於後蹋尾，頓令其人起不能得。（示宿命通也）於是一眾，（無不傾心欽伏。有人起心。已知其肇。示他心通也。佛律儀外。重加精進。詐現苦行。如拔髮熏鼻。臥杵臥棘之事。以如是行。誹謗比丘之不及。罵詈徒眾之懈修。攻訐發露人之私隱事。不避譏嫌。示眼耳通也。口中好言未然禍福。及至其時。毫髮無失。此名慢習空行之大力鬼。年老成魔。惱亂是人。厭足心生。去彼人體。弟子與師。俱陷王難。汝當先覺。不入輪迴。迷惑無知。墮無間獄。

文句。此與下節標章相易。則文理俱順。恐是錯簡也。

㊥辛 七貪宿命想。應作貪靜謐想。

又善男子。受陰虛妙。不遭邪慮。圓定發明。三摩地中。心愛知見。應作心愛深入。勤苦研尋。貪求宿命。應作尅己辛勤。樂處陰寂。貪求靜謐。謐。寧定也。爾時天魔候得其便。飛精附人。口說經法。其人殊不覺知。為魔所著。亦言自得無上涅槃。來彼求知。應作求陰。善男子處。敷座說法。是人無端。於說法處。得大寶珠。其魔或時化為畜生。口銜其珠。及雜珍寶。簡策符牘。簡者。古無紙。以竹為簡。書事於上。曰簡。策是籌策軍中之事。曰策。符是符命。天子遣將。有銅符虎之命。或以銅為之。或以竹為之。命書於上。中分。半付與將。半存於內。故符字從竹從付。曰符者。契也。有機密傳宣。合符取驗。為符契也。牘者。簡屬木片為之。故字從片。有事鉛槧其上。曰牘。諸奇異物。先受彼所附之人。而後著其體。或欲誑誘聽人。先以珠寶藏於地下。使彼聽人。各見有明月珠。照耀其處。是諸聽者。得未曾有。其人多食山中藥草。不餐人間嘉饌。或時口餐一麻一麥。其形肥充。此皆魔力持故。誹謗比丘。罵詈徒眾。不避譏嫌。口中好言他方寶藏。及十方聖賢潛匿之處。隨其後者。往往見有奇異之人。而為應驗。鼓揚眾志。人安得不信哉。此名山林土地。京省城隍川流嶽瀆幽鬼神明。年老成魔。巧應人心。使此魔黨成羣。非止一種。光盛於世。或有宣婬。破佛戒律。左傳。陳靈公宣婬於朝。君臣為謔。是也。與承事者。潛行財等五欲。或有精進。純食草木。無定行。淨垢之事。惱亂是人。久而厭足心生。去彼人體。弟子與師。俱陷王難。汝當先覺。不入輪迴。迷惑不知。

墮無閒獄

(辛)八貪神通想

又善男子，受陰虛妙，不遭邪慮，圓定發明，三摩地中，心愛神通，心希此身，出沒隱顯，種種水火變化之事，令深研窮究變化之元本，故曰貪取神力，若正定滿足，六根自然互用，豈可貪求？一著貪求，便招魔事。爾時天魔候得其便，飛精附人，口說經法，其人誠不覺知為魔所著，亦言自得無上涅槃，來彼求通善男子處，敷座說法，是魔所附之人，詐現十八神變以惑人。或復手執火光，手撮其光，分於所聽四眾頭上，是諸聽人頂上火光皆長數尺，亦無熱性，曾不焚燒，或水上行，如履平

地，或於空中，安坐不動，或入瓶內，或處囊中，越牖透
垣，曾無障礙，唯獨怯於刀兵，不得自在。此足知邪魅不實，若如來神通，
刀兵悉化為蓮華，飛鎗飛箭，停住空中。刀段段壞，不能加害，豈有不自在耶。自言是佛，身
著白衣，受比丘禮，謂正為邪。誹謗禪律，罵詈徒眾，攻發人之私事
曰訐。訐露人事，不避譏嫌，口中常說神通自在，以惑人也。或
復令人傍見佛土，當知但是鬼力惑人，非有真實也。讚歎
行婬，不毀麤行，將諸猥媟，以為傳法。足徵為魔說。此名天
地大力山精、海精、風精、河精、土精，一切草木積劫精
魅，或復龍魅，或壽終仙，再活為魅，或仙期終，計年應
死，其形不化，他怪所附，此本於見習，乃遇精成形，名魑魅鬼，以王年老成

其魔使惱亂是人。厭足心生。去彼人體。弟子與師。多陷王難。汝當先覺。不入輪迴。迷惑不知。墮無間獄。

㊅辛 九貪深空想

又善男子。受陰虛妙。不遭邪慮。圓定發明。（以想陰漸破。行陰將現。故）三摩地中。（忽然想起寂滅為樂之境。夫即色明空者。是智。愛滅求空者。是惑。今者）心愛入滅。研究化（有歸無之）性。貪求深空。（為寂滅樂也。殊不知妄想息而真空顯。生滅除而寂滅現。若起心著空。已是不空。）爾時天魔候得其便。飛精附人。口說經法。其人終不覺知（為）魔（所）著。亦言自得無上涅槃。來彼求空善男子處。敷座說法。（因貪空而現空。以投其欲。故）於大眾內。其形忽空。眾無所見。（少選）還從虛空突然

而出存沒自在或現其身內外洞徹猶如琉璃或垂手足
作旃檀氣或大小便如厚石蜜此魔詐現如是空相恃已邪空而誹
謗戒律輕賤出家口中常說斷滅空法無因無果一死永
滅無復後身及諸凡聖雖得空寂潛行貪欲所謂口便說空
行在有中受其欲者亦得心空撥無因果此名枉習所成日月
薄蝕蝕經史皆作食韋昭曰氣往迫之曰薄虧毀之曰蝕故曰薄蝕京房易傳曰日月亦黃為薄
或日不交而食為薄精氣流注化為金玉芝草麟鳳休徵之類龜鶴延年之類
故經千萬年不死而為靈皆本於枉習貪明今則出生國土為徵
為瑞以至年老成其魔使受魔所遣惱亂是人厭足心生去彼
人體弟子與師多陷王難汝當先覺不入輪迴迷惑

不知。墮無間獄。

(辛)十貪長壽想

又善男子。受陰虛妙。不遭邪慮。圓定發明。想陰漸消行陰將現。故於三摩地中。忽然想起求長壽得長壽之言。夫欲長壽。必修福善陰騭。豈隨心愛而空求者得乎。今者其心忽愛長壽。不辭辛苦。窮研幾微相。而生貪求永歲。便欲棄分段生死頓希彼法性土中之變易細相。以為常住。爾時天魔候得其便。飛精附人。口說經法。其人竟不覺知為魔所著。亦言自得無上涅槃。來彼求長生善男子處。敷座說法。好言他方世界自能往還無滯。或經萬里程途。瞬息之間可再來往。至遠而成近也。皆於彼方取得其物。使人知是萬里瞬息求而無疑或於一處之界在一宅之中近至數步之間令其從東詣至西壁是人急行累年不到至近而成遠也此地之可縮可舒以時之可延可促皆魔詐現以投其好也因此之故行人心生敬信疑魔附之人是佛現前口中常說十方眾生皆是吾子我生諸佛我出世界我是元佛出世自然不因修得正顯長壽以竦聽眾也此名住世自在天魔即第六天上大魔王也使其眷屬正顯魔王自不現身是飛精附人也如遮文茶舊云嫉妒女又云奴神即役使鬼也及四天王毘舍童子此云噉精氣皆屬四天此等亦有已發心者便不惱亂行人未發心者每思噉人精氣故利其修定人虛羽況此修定男子受陰虛妙則精氣虛明倍為諸鬼所利今功夫若此若不加害倘令想陰一盡超煩惱濁永出三界更於何處候得其便故須來此食彼

精氣。而破壞之。或不因魔附之師。令其修行之人。親自觀見。魔身說法。稱執金剛。與汝長命。或現美女身。盛行貪欲。未逾年歲。而肝腦枯竭。此魔害人之巧計也。口兼獨言。四依解。此指行人受魔氣。常自獨言。故旁人徐而聽之。若妖若魅。前之行人未詳其為魔。故多與之俱陷王難。設未及遇王法刑傷。先已乾死。惱亂彼人。以至殂殞矣。汝當先覺。不入輪迴。迷惑不知。墮無間獄。

文句。噫魔心若此。亦大毒矣。所幸彼塵勞內。汝妙覺中。當處禪那。覺悟無惑。則彼魔事無奈汝何耳。

(庚)三結過勸示三。初結十魔過惡。二結想陰所招。

辛 今初

阿難當知是十種魔於末世時在我法中出家修道通議昔佛住世諸魔壞法佛神力故皆不能壞魔作誓言我於如來滅後依教出家破壞佛法佛即墮淚曰無奈汝何譬如師子身中蟲自食師子身中肉是諸末世壞法比丘皆魔侶也所以魔之害人或飛精附人體或貪欲自現形皆言已成正遍知覺正是出家破法之魔子也讚歎婬欲破佛律儀先惡魔師與魔弟子婬婬相傳改正成邪也如是邪精魅其心腑近則九生多踰百世令真修行之士現則總為魔眷命終之後必為魔民然一切人為修正偏知覺既為魔黨即轉正成邪故云失正徧知墮無間獄永劫卒未能返是故正士可不慎諸汝今雖在有學未到寂滅毋須先取寂滅縱得無

學須留願入彼末法之中，起大慈悲，救度正心深信
之禪那眾生，令不著魔，得正知見。我今度汝，已出生死，
汝遵佛語，名報佛恩。是知阿難入風奮迅三昧，四派入滅，亦是依佛語留願矣。
文句，近則九生者，百年為一生，九百年後，正法將
滅時也，多踰百世者，三十年為一世，三千年後，正
屬末法時也。嗚呼，讀經至此，而不痛哭流涕，撫昔
傷今，思一振其頹風者，其真魔家眷屬也已。
㊂二結想陰所招
阿難，如是十種禪那現境，皆是想陰用心交互，故現
斯事，眾生頑迷，不自忖量，逢此因緣，迷不自識，謂言

登聖大妄語成墮無間獄汝等必須將如來語於我滅後傳示末法徧令衆生開悟斯義無令天魔得其方便保持覆護成無上道

大佛頂如來密因修證了義諸菩薩萬行首楞嚴經

易知錄卷第九 終

僧晉大師叁拾叁元

若道大師
慧蓮大士
干安瀾
陳門岑氏慶蓮
岑門錢氏青松
周門蔡氏明法
各拾元

徐氏全福五元

嚴門李氏妙寧弍元

共助刻印洋壹百元

大佛頂如來密因修證了義諸菩薩萬行首楞嚴經易知錄卷第十

南嶽祝聖沙門釋默庵治定

㊂四明行陰境三。初總示陰相。二別明發相。三結過勸示。㊁初中四。初結前想陰盡相。二正示行陰區宇。三懸示行陰盡相。四結示本唯妄想。

㊅今初

阿難。彼善男子。修三摩提。想陰盡者。是人平常夢想銷滅。寤寐恒一。覺明虛靜。猶如晴空。無復有麤重前塵影事。觀諸世間大地山河。如鏡鑒明。來無所黏。過

無蹤跡虛受照應了罔陳習唯一精真

文句虛妄五陰皆以妄想為本是故想陰一盡則平常夢想銷滅也金光明最勝王經明十地菩薩皆有夢兆故知直至佛地方名究竟覺者但此夢想亦自不同有六凡見思夢想二乘能銷滅之有二乘塵沙夢想菩薩能銷滅之有菩薩無明夢想惟佛能銷滅之又有觀行銷滅乃至究竟銷滅之不同若在利根則一銷一切銷根或不等亦可非次第中說於次第耳覺明虛靜猶如晴空等此前文所謂於覺明心如去塵垢乃覺所覺空之境界

長水疏熠熠即光起閃爍喻乍生乍滅也

也虛受照應者虛而能受如谷答響照而能應如鏡寫容了罔陳習者罔無也陳習前塵落謝影子也了無塵影正如谷響鏡容來無所黏過無蹤跡也見思想陰盡觀同居世間了罔陳習惟一真空塵沙想陰盡觀方便世間了罔陳習惟一妙有無明想陰盡觀實報世間了罔陳習惟一中道理諦

(辛)二正示行陰區宇

生滅根元從此披露見諸十方十二眾生畢殫其類雖未通其各命由緒見同分生基（即行陰也同以行陰為其基本）猶如野馬熠熠清擾（於清虛中擾動）為浮根（四）塵究竟樞穴此

則名為行陰區宇。

文句。遷流造作名之為行。即是分段變易二種生死之根元也。今於觀行位中想心既伏。故行陰境界。從此披露。然猶未見識陰區宇。故未通其各命由緒。而只此行陰。乃十二類受生之本基。浮根塵究竟之樞穴。非此熠熠妄性。則十二類何由受生。浮根塵。何由開合耶。殫盡也。由緒來歷也。野馬。曰中所映水上浮遊之氣。亦名陽燄。望之似水。即之無實。行陰亦爾無實性也。樞者。門軸。穴者。停軸之處。由樞穴。故門得開合。由行陰。故根塵妄有生滅

也、

㊖三懸示行陰盡相

若此清擾熠熠元性、性入元澄、一澄元習、如波瀾滅、化為澄水、名行陰盡、是人則能超眾生濁、

文句、言此清擾熠熠不停之元性、若銷其性、入於本澄之體、惟一澄湛之元習、譬如波瀾既滅化為澄水、此則空所空滅、生滅既滅、寂滅現前、是故名行陰盡、而超眾生濁也、九界六即、具如圓通中釋、一澄元習者、指識陰言、既稱元澄復名元習者、以其含藏一切習氣種子、猶屬真常流注、後文所謂

此湛非真，如急流水，望如恬靜也。

(辛)四結示本惟妄想

觀其所由，幽隱妄想，以為其本。

文句，行陰之相，甚為幽隱，而此幽隱，但是妄想所成而已，豈更有他本哉。

(庚)二別明發相十，初計二無因，至十計五現涅槃

此與阿含所明六十二見法數並同，法相稍異，彼則本是外道，此乃修心誤墮故也。(辛)今初

阿難當知，是得正知奢摩他中，諸善男子，凝明正心，即是觀行得力，不起十種妄想貪求，故十類天魔，不能得其便，從出方得

精研窮究十二種眾生之類本。於本類中。則生滅根元。便得披露者。蓋觀於彼幽清圓擾動元。指行陰也。此之行陰境界。難可了知。故名為幽。非是麤重前塵故名為清。同分生基。互含互具。故名為圓。於真常中。妄有流注。故名為擾。動元。即指行陰為羣動之元也。於圓擾動元中。不起計度。則歷聖位。若起計度者。是人墜入二無因論。長水疏。於此推窮生類之本。唯一行陰。今既披露。此外更無眾生之本。便執眾生無因而起。以不知善惡因由差別種子在識陰故。文句。外道本劫本見十八見中。自有無因而出之二見。

一者是人從無想來。自謂本無今有。名見本無因此邪慧也。何以故。是人既得生機全破。吳興曰。機。喻提動。即行陰也。不為想陰所覆。故云全破。乘於眼根八百功德。資中曰。謂由觀行定力。發其眼根本分功德。百倍增勝。乘此通力。見八萬劫內所有十二類眾生。業流灣環。吳興曰。業流灣環。行陰流轉也。溫陵曰。業流灣環者。隨業流轉。如水在灣洄漩其處。漩復不斷。死此生彼。不能自出。祇見眾生輪迴其處。指八萬劫以內也。八萬劫外。則冥無所觀。便作是謬解。謂此等世間十方眾生。從八萬劫來。無因自有。由此計度。亡正偏知。墮落外道。惑冥諦為菩提性也。二者是人見末無因。長水疏。以見本無。末亦無也。何以故。是人於十二類生。既見行陰而為其根本。從此向後一切常定。別無異本。故言知人復生人。而不可為鳥。悟鳥復生鳥。而不可為人。烏從來黑。不可使為白。鵠從來白。不可使為黑。人天本豎。不可使為橫。畜生本橫。不可使為豎。白非洗成。黑非染造。從八萬劫來。生生世世無復改移。吳興曰。無復改移者。此見一分人畜之類。有經長時業果未轉。故起斯計。如智論明舍利弗觀鴿子身。前後皆八萬劫。不改其類。今行陰中既見此相。乃執一切自然而然。此即不知十二類生各命由緒也。今盡此形。亦復如是。決定皆不改移也而我八萬劫前際。本來不見有菩提之因性起。云何八萬劫後更有成菩提之果事。以此相例。一法知此。法法皆然當知今日一切物象皆本無因。遂以判決。執成邪計矣。由此計度亡正徧知。墮落外道惑菩提性。是則名為第一外道立無因論。文句。本無因者。約業名本。又來處名本。末無因者。約象名末。又當果名末。皆本無因。應云皆末無因。恐字誤耳。此於止觀十境中即屬見境。而見境依於行陰。行陰本於幽隱妄想。故今搜示根原。備明妄相。令真修行者。不墮其中。然此雖云發在觀行。而深位亦有發義。但深位人功德力大。不至墮落外道耳。如楞伽經云。七地菩薩。若無善念正受。墮外道邪徑。八地菩薩滅三昧樂門。醉所醉。妄想涅槃想。皆其義也。今謂楞伽七地。似指三乘共十地言之。即合此中暨論五陰

盡相。想盡而行未盡。位在七信。若約別地。須論界外五陰也

(辛)二計四徧常

阿難。是三摩中。諸善男子。凝明正心。魔不得便。窮生類本。觀彼幽清常擾動元。於圓常中。文句。此之行陰。無始以來。相續恒轉。有似常住。故名圓常起計度。者。是人墜入四徧常論。一者是人想破行現。乘此心開。遂爾窮研內心外境之本元性自何而起。然於心境二處窮之不違。但見二萬劫前。無因自有。良以所窮之法麤略而狹。故其見量止此而已。修習能知二萬劫中。蓋言二萬劫外。冥無知見。而二萬劫內。觀見十方眾生所有生滅。咸皆循環。不曾散失。故不計劫外斷滅。惟計劫內相續。便生邪計眾生心境。以為常也。溫陵曰。由文計行陰為生滅圓元。遂於心境四大等。皆計為常。真際曰。心境二處。

雖則無因。二萬劫來。相續不斷。故計為常。二者是人窮四大元。見萬法皆從四大和合而成。故作意窮之。見其體性常住。修習能知四萬劫中。十方眾生所有生滅。咸皆性體常恒。不曾散失。便生邪計眾生四大以為常也。通議。以行入定中。但觀四大性。故能知四萬劫中。眾生生滅體常。以四大乃八識相分。今八識未破。故四大未銷。眾生皆以四大為體。四大常。而眾生亦常也。三者是人窮盡六根。𣧑云六識。第七末那。及第八執受。集起名心。牒上執受。相續名意。牒上末那了別名識。牒上六識。其心意識中。本元由處。通指八個識。各各生起生滅之元由處。吳興云。本元由處。指行陰也。性常恒故。而不變。修習能知八萬劫中。一切眾生。隨行陰於十二類中還變。循環不失。空印云。八識既是有為剎那生滅。皆依行陰相續流轉。八萬劫來。相續不失。以不了故。計為本來常住。窮此不失之識性妄計以為常也四者是人既盡想陰之元則行陰元常之生理更無流止運轉以此流止運轉之生滅想心今由定力已永滅盡則生理行陰於永滅中不待研窮修習自然成不生滅所以無還轉也然不知行陰是生滅之元妄計不生滅理乃以生滅為不生滅且又因心所度計以為常安得真見其常哉由此非偏圓而計偏圓非真常而計真常亡失正偏知覺墮落外道之邪覺惑菩提性是則名為第二外道立圓常論

㊉辛三計一分常

又三摩中諸善男子堅凝正心魔不得便窮生類本觀彼幽清常擾動元於自他中起計度者是人墜入

四顛倒見。一分無常。一分常論。通議。此顛倒見。蓋以七識執第八見分為我故。或執我能生他。則我常他無常。或執我從他生。則他常我無常。故云於自他中。起計。是一分常。一分無常。一者是人修定。既未證真。有漏觀中觀妙明心。偏十方界。此乃假想而見。不知無明妄識變影。有似湛然自在。遂起邪計。以為究竟神我。從是則計神我偏十方凝明不動無生無滅。見一切眾生於我心中自生自死。然則我之心性名之為常。彼生滅者真無常性。通議。此示四顛倒中。第一計也。觀智研窮。妄想已銷。則八識精明。徧十方界。以不知是識體精明。遂執為神我。從此計為我徧十方。一切眾生。於我心中。自生自死。則我心性為常。彼生滅者真無常性。此單觀自也。二者是人定中乘通。不自觀其心。而偏觀十方恒沙國土。見劫壞之處名為究竟無常種性。其劫不壞處。名究竟真常。吳興曰。此於定中。不觀自心。但觀他境。謂三禪以下。終為三災所壞。四禪以上。災不能壞。名究竟真常。此單觀他也。三者是人別觀我之心性。以心性精細微密難見故。猶如微塵。非謂其小也。此執微細心性為我。我者。自在主宰為義。故能流轉十方。其性則無移改。卻能令此色麤蘊身即生即滅。其不壞性名我性常。一切死生從我流出。名無常性。通議。此顛倒計。乃於定中觀自心微密。流轉十方性無改易。故稱為我。今在色蘊之中。能令此身即生即滅。其不壞者。是我心性。名我性常。一切生死。從我流出。名無常性。此自他共觀。計自常他無常也。四者是人知想陰盡見行陰披露。現見遷流。故行陰恒常遷流。計為常性。而色受想等。今已滅盡名為無常。吳興曰。前觀我心雖流轉十方性不移改。不知我是行陰。其體常流。今雖見流。仍未見識陰之相。故對色受想等為常無常也。此四顛倒。初觀神我。及一切衆生。即正報也。次觀國土。與去。即依報也。此二對他明常無常。三觀我心及身。四計陰等。此二約自色心明常無常亦從廣至狹也。由此計度。一分無常。一分常。此皆亡正徧知故墮落外道惑菩提性。是則名為第三外道一分常論。

㊉辛 四計四有邊

又三摩中諸善男子。堅凝正心。魔不得便。窮生類本。觀彼幽清常擾動元。於分位中。文句。性真常中。妄有分位。依於行陰分位妄生。由此起計度者。是人墜入四有邊論。一者是人心計行陰為受生之本元。遷流動用。而不休息。計過去未來者。名為有邊。計現前一念相續之心。名為無邊。溫陵曰。生元流用。行陰也。

因遷流。計三際。以過者已滅。來者未見。故名有邊。現在相續。故名無邊。不知真際。本非有邊非無邊也。二者是人觀八萬劫內。則見眾生觀八萬劫前寂無聞見。於無聞見處名為無邊。於有眾生處名為有邊溫陵曰。前以不見為有邊。此以無聞為無邊。乃回互倒計也。三者是人計我能徧知。以為獨得無邊之性。彼一切人現在我徧知之中。我曾不知彼之知性。亦皆各各徧知。名彼以為不得無邊之心。但是有邊之性耳。歸宗曰。我能徧知彼一切人。是我不得無邊性也。我曾不知彼之知性。是彼不能現我知中。是彼為有邊也。審此則是以所知徧。非以能知徧。彼謂無邊。適有邊耳。四者是人以功窮行陰將空。更復以其所見心路籌度一切眾生。謂眾生一身之中。現隨行陰密移。計其咸皆一半屬生。一半屬滅。

生為有邊、滅為無邊、明其世界中、一切所有、半有邊分位、一半無邊分位歸宗曰窮、行陰空者、謂於行陰披露時、欲窮尒空、而尚在生滅、遂計一切衆生身中、同是半生半滅、世界亦然、即以生為有邊、滅為無邊也、由是計度有邊無邊墮落外道惑菩提性、是則名為第四外道立有邊論、吳興曰、此四有邊、初惟約自、二單約他、三具自他、四重計他、一切依正、斯則前狹後廣、以成其次、

(辛) 五計四矯亂

又三摩中、諸善男子、堅凝正心、魔不得便、窮生類本、觀彼幽清常擾動元、於知見中、文句、涅槃經云、生生不可說、乃至不生不生不可說、有因緣故亦可得說、故知四句四門、邪正之分甚微、倘未達如來藏性隨緣不變不變隨緣妙理、於行陰中、而起知見、隨所知見而生計度者是人未有不墜入四種顛

倒不死矯亂者也。邪分別性。故名徧計。終無實義。故名虛論。溫陵曰。以邪倒故。於知見中狂解不決。遂矯亂其語也。今之邪人妄謂得道。而中無主。正矯惑於人者。多類此四。一者是人觀變化元。即指生滅行陰也。長水疏。於一生滅行陰。復為八別。一見三世遷流有邊處名之為變。二見中間相續無邊處名之為恒。三觀八萬劫內。見現在所見行相處名之為生。四觀八萬劫外。不見見處。猶云見不見處名之為滅。此非生滅因果之義也。五觀前念為後念相續之因。後念續前念性不斷處名之為增。六觀前後二念正相續中。中所離處。名之為滅。此非不增不減義也。七觀一念一念。各各生處。名之為有。八觀一念一念。互互亡處。名之為無此非有無俱遣義也。此以一行陰之理都觀。用心別見八處兩可俱是。不能定見有求法人來問其義答言我今亦生亦滅亦有亦無亦增亦滅。以遮之。既以兩可混答。於一切時。咸皆亂答其語。令彼前人不得其實。遺失章句。此有二意。一謂答者。既自矯亂。聞者自難憶持。故隨聞隨失也。二謂言既兩持。是非不決。能令聞者。翻疑平日舊習經論。猶言喪其所守也。

二者是人諦實觀其行陰之心。念念但見一念一念。互互無處。謂生中無滅滅中無生等。故一切法俱無。因無得證為宗。有人來問者。惟答一字。但言其無。除無之餘。無所言說。通議。此單計無也。以觀研窮行陰生滅。但見此隨生隨滅。各互互無。遂計為無。諸法皆然。故云因無得證。故有人來問。但答無之一字而已。

三者是人諦觀其心。但見一念一念。各各有處。謂生時有生。滅時有滅。故生滅等皆是。因有得證為宗。有人來問。惟答一字。但言其是。除是之餘。無所言說。歸宗曰。此又於念念生處。以為實有。

故因有證。乃著於有。而答是者。此為矯亂也。四者是人有無俱見。謂生時有生而無滅。滅時有滅而無生。又生時則生生而滅滅。滅時則滅生而生滅等。故有即無。無亦即即有。總由不達生滅去來本如來藏。所以計此虛妄諸法。謂有真實。而不能自決。乃成矯亂虛論也。其境枝故。其心亦亂。枝者。如木一本。而分二枝。即空有二歧。兩楹不定之意。有人來問答言亦有即是亦無。有必因無。名不專於無也。亦無之中不是亦有。無必離有而成。不專於有也。如是一切矯亂。無容窮詰。由此計度矯亂虛無。墮落外道。惑菩提性。是則名為第五外道四顛倒性。不死矯亂。偏計虛論。文句。外道十八見中。亦有異問異答四見。但法相不同。彼云一者善惡有報耶。無報耶。二者有他世無他世耶。三者何善何不善。四者愚冥暗鈍。隨他言答。資中曰。準婆沙論釋外道計天常住。名為不死。計不亂答。得生彼天。若實不知。而輒答者。恐成矯亂。故融室云，言色屬我，青黃等色，屬我迴轉故。

有問時，答言秘密言辭，不應皆說，或不定答。佛法訶云，此真矯亂，故名不死矯亂虛論。

㊁辛 六計十六有相

又三摩中，諸善男子，堅凝正心，魔不得便，窮生類本，觀彼幽清，常擾動元，於無盡流，指行陰也，以其無始以來，恒相續轉故。生計度者，是人墜入死後有相，發心顛倒，歸宗曰，遷流無盡行陰之相，現見此相，猶如陽燄，已非實事，況死後乎，發此心者，是為顛倒。或自固執其身，計云色是我者，即色是我也。或見我圓滿之性，含徧國土，云我有色者，我大色小，色在我中也。或彼順目前所緣色相隨我迴復，云色屬我者，離色有我，色但是我所也。或復我依行中相續，云我在色者，色大我小，我在色中也。皆計度言，死後有相者，色身雖死，我猶在故。如是循環。歷受想行三陰。各有四句。成十六相。從此或計。又轉深一層之計度也。意謂由造作故。畢竟有煩惱。由造作故。畢竟有菩提。造作即是行陰。行陰不可盡。則煩惱菩提亦不可盡。故兩性皆悉並驅入盡未來際亦復各不相觸。猶言各不相陵蔑。此則錯解性具圓宗。無作妙旨。差之毫釐。謬逾天壤者也。危乎危乎由此計度。死後有故。墮落外道。惑菩提性。是則名為第六外道立五陰中之行陰死後有相起心顛倒而為此論。吳興曰。言五陰者。通結五陰。正在前四。然雖在前四。義唯行陰耳。文句外道來劫末見。四十四見中。亦有世間有想一十六見。而法相不同。彼謂一有色見二無色見三有色無色見。四非有色非無色見五有邊見六無邊見。七有邊無邊見。八非有邊非無邊見九有樂見十有苦見。十一有樂有苦見。十二不苦不樂見十三一想十四若干想十五少想十六無量想今謂初四見依色陰。次有邊等四見依行陰。次有樂等四見依受

集解此質下以現前況死

陰，次一想等四見，依想陰也。

㊅辛 七計八無相

又三摩中，諸善男子，堅凝正心，魔不得便，窮生類本，觀彼幽清，常擾動元，於先已除滅色受想之三陰，於中行陰未滅，而生計度者，謂人死後，行陰亦同色受想之斷滅，如是之人墜入死後無相，發心顛倒。歸宗曰：行陰雖尚未滅，因前三陰已滅，比知行陰亦應當滅，於滅而生計度，故言死後無相。見其色滅，形無所因；觀其想滅，心無所繫；知其受滅，無復連綴。歸宗曰：色為形，想為心，受緣色心，互相連綴，今皆已滅，故云陰性銷散，縱有行陰生理，而無受想，則行無所託，雖有如無，便與草木同也。此在定之質，現前猶不可得，死後云何更有

後也色陰既爾受想行亦然

諸相因之妄生勘校即計度也死後相無如是循環計現在四陰與未來四陰有八無相從此或計涅槃因果長水疏陰既因果皆無涅槃因果亦皆斷滅斯則有為無為染淨諸法因果俱無故云一切皆空徒有名字究竟斷滅歸宗曰此以現前生死之相既無則將來涅槃之相豈有良由最初未曾發明覺性但依禪那深定破除三陰今行陰將盡而真識未現茫無所歸遂生異計也由此計度死後無相之故墮落外道惑菩提性貫珠殊不知行滅則歸於藏識之體非可滅者此特無相非無其理以菩提性不立一塵不捨一法今謂皆空故云惑也是則名為第七外道立五陰中死後無相心生顛倒之論

文句生理謂行陰也四陰現前死後俱不可得則因果皆無名八無相又計世間四陰因果既無出

世涅槃因果安有故成斷滅心顛倒論外道四十四見中。亦有世間無想論八見。而法相不同。彼云一有色。二無色三有色無色。四非有色非無色。五有邊。六無邊。七有邊無邊。八非有邊非無邊。

㊁辛八計八俱非

又三摩中。諸善男子。堅凝正心。魔不得便。窮生類本。觀彼幽清常擾動元。於行存中。見行陰區宇宛在。兼受想滅見前三已滅體相全空。雙計有無。於存計有。於滅計無。自體相破。以行陰自體之有。破前三之無。以前三之無。破行陰之有。故曰相破。是人墜入死後有無俱非起顛倒論。以破無則成非無。破有則成非有也。於色受想中。見行陰似有非長水疏。昏瞢。乃不覺不知。

有。當行陰遷流。於內觀前三陰似無不無。如是循環。究竟窮盡四陰界限成八俱非相。隨得一緣。皆言死後有相無相。二者俱非之論。吳興曰。此計雙亦也。見有非有。謂色受想無也。觀無不無。謂行陰有也。如是循環等。例立雙亦。謂三陰無亦如行陰之有。行陰有亦如三陰之無。四陰各二。名八俱非相。言俱非者。對前偏計有無得名。文意且在雙計有無耳。故總結云。有相無相。溫陵曰。隨得一緣者。於四陰隨舉皆生計執。又計長水疏。此但現見諸行陰性遷訛故。言生中有滅。故非有。滅中有生。故非無。由是心發通悟。增長邪見。計一切法。一切陰。莫不皆是有無俱非。何嘗於八虛實失措。歸宗曰。有非定有。實何曾實。無非定無。虛何曾虛。失措者。茫然無據也。由此計度。言有非有。言無非無。有無二途。俱道不得。現在尚爾。況死後有無俱非。又安可道乎。蓋以死後盡未來際昏瞢杳冥無可道故。墮落外道惑菩提性。

是則名為第八外道立五陰中。死後俱非。心生顛倒之論。通議：以現前有無不定。況死後昏瞢。何可道耶。特顛倒見耳。

文句。以有破無。以無破有。故云自體相破。初則以色受想而例行陰。見有非有。以行遷流。例色受想。觀無不無。是故四陰各有二非。名八俱非。次又單從行陰遷訛起計。有則不應念念變滅。無則不應念念出生。又不住。故非有非實。相續故非無非虛也。外道四十四見中。亦有非想非非想論八見。名相與前無想論同。

㊁九計七斷滅

言後後無者。謂行陰念念遷滅也。

又、三摩中諸善男子。堅凝正心。魔不得便。窮生類本。觀彼幽清常擾動元。於後後無生計度者。是人墜入七斷滅論者、計此人天七處死後皆即斷滅也。一者或計人道身死即滅。二者或計欲天壽盡即滅。三與四者或計初禪二禪苦盡皆歸死滅。五者或計三禪極樂亦歸死滅。六與七者或計四禪極捨苦樂四空并捨色陰亦歸死滅。如是循環窮盡七趣之邊際。現前銷滅。長水疏現前銷滅者。三陰已滅。行陰亦爾。七趣皆現斷滅。故滅已。無復更生。終歸斷滅。由此計度死後斷滅。墮落外道。惑菩提性。是則名為第九外道立五陰中。死後斷滅心生顛倒之論。文句。外道四十四見中。亦有斷滅論七見。一身滅。二欲天滅。三色天滅。四空處滅。五識處滅。六不用處滅。七有想無想處滅。與此開合不同。今經開四禪而合四空也。

辛 十計五現涅槃

又三摩中諸善男子，堅凝正心，魔不得便，窮生類本，觀彼幽清常擾動元，於後後有，謂行陰念念生起也。生計度者，是人墜入五涅槃論，或以欲界為正轉生死而依涅槃因修，觀行發欲界未到定，於定中觀見六欲天上境界圓明殊勝，生愛慕故，謂不捨欲界，即涅槃真境。或以初禪已離欲染，性無憂故，出離憂根也。或以二禪，心無苦者，出離苦根故也。或以三禪極悅隨願取足故，即極喜也。或以四禪苦樂二亡，不受輪迴生滅性故，如斯妄計，此蓋不識教相，得此四禪及欲界定少分安樂，便為涅槃，所謂迷有漏天作無為解者也。夫計此五處暫時安隱以為便是勝淨轉依如是循環五處究竟以為涅槃妙道前計七處滅已方為涅槃此以五處安隱即是轉依溫陵曰轉依者轉生死依涅槃也或於欲界悟圓明理遂以欲界即轉依處或以初禪離憂二禪離苦三禪極喜四禪極捨即轉依處是謂五涅槃也迷有等者不知此天皆屬有漏非無為果非究竟處也由此計度五現涅槃謂此五處是現在受用不待來生故墮落外道惑菩提性不知菩提平等無有高下不屬生滅今於此五處生計故云惑也是則名為第十外道立五陰中五現涅槃心生顛倒之論文句外道四十四見中亦有現在有泥洹五見一云現在五欲自恣即是泥洹餘四並與此經同

（辰）三結過勸示

阿難如是十種禪那狂解皆是行陰用心交互故現

斯悟眾生頑迷不自忖量逢此現前以迷為解自言登聖大妄語成墮無間獄汝等必須將如來語於我滅後傳示末法徧令眾生覺了斯義無令心魔自起深孽保持覆護銷息邪見教其身心開覺真義於無上道不遭枝歧勿令心祈得少為足作大覺王清淨標指

文句狂解者依於行陰所起見惑也由禪定發故亦名悟背正偏覺故仍是迷想陰既伏天魔已不得便今之六十二見皆是自心所起魔孽耳嗚呼末世暗證之流所有邪悟較此外道更為淺陋而

門庭高豎妄稱宗匠，偏於域中亦可悲也。標謂標榜，指謂指南。又覺王如月，佛語如指。

(己)五明識陰境三，初總示陰相，二別明發相，三斥邪結正。(輿)初中四，初結前行陰盡相，二正明識陰區宇，三懸示識陰盡相，四結示本唯妄想。

(辛)今初

阿難，彼善男子，修三摩提，行陰盡者，諸世間性，幽清擾動，同分生機，倏然隳裂，沈細綱紐，補特伽羅，酬業深脈感應懸絶。

文句，諸世間偏指同居方便實報三土而言也。九界一切生類喻如網目沈細行陰喻如網紐有為諸行盡故六凡有情酬業深脈感應懸絕偏真諸行盡故二乘有情酬業深脈感應懸絕二邊諸行盡故菩薩有情酬業深脈感應懸絕蓋九界有情各以自心所現感業為能感即以自心所現果報為能應今行陰既盡感應俱絕此正空所空滅生滅既滅之境界也利根之士一滅一切滅並識陰亦復不當情矣

(辛)二正明識陰區宇

於涅槃天將大明悟如雞後鳴瞻顧東方已有精色

六根虛靜無復馳逸內外湛明入無所入深達十方十二種類受命元由觀由執元諸類不召於十方界已獲其同精色不沉發現幽秘此則名為識陰區宇

文句此仍約識陰習強者於觀行中雖達行空復現湛明之境界也二種生死皆如長夜今有為行空則於圓淨涅槃天將大明悟偏真行空則於方便淨涅槃天將大明悟二邊行空則於性淨涅槃天將大明悟也六根者識陰之所執受行陰之所開合於觀行中行陰已破故虛靜而無復馳逸識陰尚存故無入而猶言內外蓋識性即如來藏但

以無明覆蔽，如頻伽瓶之隔越虛空，妄成內外，故名為陰，陰當破故，似有所入，識性藏性，本非二性，如內空外空，本非二空，故元無所入也，行陰既破，識陰現前，所以深達十二類生受命元由，以此識陰，正所謂去後來先，作主翁者故也，無樞穴，故其由可觀，無遷流，故其元可執，無生機，故諸類不召，了知萬法唯識故，於十方世間已獲其同，觀行既深，能見如來藏性，故精性妙色不復沈埋，幽秘理性，從此發現，此正寂滅現前境界，但未忽然超越耳，餘如圓通中釋，

(辛)三懸示識陰盡相

若於羣召已獲同中，銷磨六門，合開成就，見聞通隣，互用清淨，十方世界及與身心，如吠琉璃，內外明徹，名識陰盡，是人則能超越命濁。

文句，羣召，卽牒前諸類不召，獲同卽牒前於十方界已獲其同也，以六根為一根用，名合成就，以一根為六根用，名開成就，世界身心如吠琉璃正所謂忽然超越世出世間，具如圓通中釋。

(辛)四結示本唯妄想

觀其所由，罔象虛無，顛倒妄想，以為其本。

長水疏觀中暫爾也。暫於

文句。幻妄似有名為罔象。體性空寂。名為虛無。迷背性真名為顛倒。更無實法。唯此妄想。以為其本了知妄想無性。則其本尚無。識陰何有。故曰識陰虛妄。本如來藏也。

㊁庚 二別明發相十。初因所因執。至十定性緣覺。

㊁辛 今初

阿難當知是善男子。於觀行中已能窮究諸行性空。將於識性伏還元覺。謂識陰湛不搖處。即是還元。而此還元。望前已滅行陰得名。故云已滅生滅。而於寂滅精妙未圓。但以尚有寂滅境界當情。故云精妙未圓。此時六根漸得清淨。故云能令已身根隔合開。能知心佛眾生三無差別。故云亦與十方諸

覰中似開根隔未全至用

脗美殞切合也又合無波際之貌

資中云因所因執者迷識陰為冥諦執冥諦為生因也

類通覺義海於此觀中已見十方眾生及與我身同一覺性無知覺之殊故云覺知通脗美殞切合也能入圓元此圓元境雖復本如來藏全屬顛倒虛妄以其離彼色受想行別有圓元為所歸處若於此所歸處立真常因生勝解者便成大謬良以非是頭頭法法皆圓元故是故此非真常不應妄生勝解若誤立此為所歸處而云此是萬法生因此因是常萬法無常是人則為非因計因便墮因所因執蓋娑毗迦羅亦是於禪觀中以第六識分別第八識體不知惟是如來藏性循業發現妄起法執前文所謂拘舍離等昧為所歸冥諦成其伴侶是也迷佛菩提亡失知見是名第一立所得心成所歸果違遠圓通背涅槃城生外道種文句今由過在立字及勝解字便令真修卻成外道故名曰墮

㊣辛二能非能執

阿難又善男子窮諸行空已滅生滅而於寂滅精妙未圓若於所歸長水疏前計雖執識陰為真常因而未取為自體今則覽取以為我之自體盡虛空界之依報十二類內所有眾生之正報皆我身中之識陰一類流出以為決定生勝解者遂執我能生彼而實不能是人則墮能非能執文句前計八識為他而成法執今計八識為自而成我執也非能而妄計為能故云能非能執摩醯首羅此云大自在三目八臂妄計我身能現無邊眾生身遂謂一切眾生皆我流出如此計類成其伴侶十二類生皆有第八阿賴耶識共變山河各變自身非一人之識能生於彼今覽識為自體妄謂能生可乎迷佛菩提亡失知見是名第二立能為心計能生之因心成能事果計能成彼事也違遠圓通背涅槃城生大慢天溫陵曰大慢天即摩醯也雖居色頂未超

三界，而曰能生三界，及與眾生，不能謂能，故名大慢，計我體圓徧空界，流出眾生，故曰我徧圓種也。

(辛) 三常非常執

又善男子，窮諸行空，已滅生滅，而於寂滅精妙未圓。若於所歸，長水疏，前覽所歸為自身，今認所歸為他體，謂實有所歸依者，轉而自生疑惑，謂我之身心，皆從彼中流出，非我獨然，即十方虛空，咸皆其生起，即於我人空有都為彼起所宣流地，認作真常法身無生滅解，殊不知生起宣流，已屬生滅，在生滅中，早計為常住不滅，既惑真常不生之性，亦迷現前生滅之法，安住沈迷，生勝解者，是人則墮常非常執，計自在天，能生一切，成其伴侶者同矣。迷佛菩提亡失知見，是名第三立因依心成妄計果，違遠圓通，背涅槃城，生顛倒偏圓之種。文句。此與冥諦異者。冥諦計他法。此計他天也。天非常住。妄計為常。故云常非常執。本是心生天地。反謂天地生人。故名倒圓。

㊅辛 四知無知執

又善男子，窮諸行空，已滅生滅，而於寂滅精妙未圓。若於所知，長水疏。所知即識陰也。是彼觀行體。本所知境故。識陰能變一切諸法。名知自周偏圓滿故。悟此諸法。從知變起。以知為體。故云因知立解。謂十方草木皆稱有情，與人無異，草木為人，人死還成十方草樹。既此依正皆從知有。何得一知一無知耶。故無揀擇。有情無情。偏皆有知。自謂決定不謬

而

生勝解者。是人則墮知無知執。無知而妄執為知故名知無知執故。婆吒霰尼。二外道名。執一切有知名為覺體。成其伴侶。迷佛菩提。亡失知見。是名第四謬計圓知。以為因心。成虛謬果違遠圓通。背涅槃城。生倒知種。以無知為知是倒知也。

文句。夫所言無情有性者。謂一切法。皆第八識之相分。皆與如來藏性相應。故曰此見及緣。元是菩提妙淨明體。今不違性空道理。卻執草木有命。虛謬甚矣。然不得因此遂謂無情但是法性。不是佛性也。以法佛無二性故。

㊀辛 五生無生執

又善男子，窮諸行空，已滅生滅，而於寂滅精妙未圓，若於圓融，溫陵曰，識陰盡者，銷磨六門「諸根互用，今此未盡，相似觀中，已得暫時相應，纔得隨順，見一切法，皆能互圓，發生勝果，便於圓化一切發生，者，一切諸法，同名變化，故云圓化，皆可修習，能成聖果，故云一切發生，以於一根暫得諸用，由此例知一切亦爾，皆可於無知見中，修成知見，取常住果，故求火光明，或樂水清淨，或愛風周流，或觀塵能成就，各各尊崇奉事，妄以此羣塵為發生造作之本因，立常住解，是人則墮生無生執，文句，四大無生，而妄計為能生之本，故名生無生執，諸迦葉波，並婆羅門，勤心役身，事火崇水，求出生死，成其伴侶，蓋不知如來藏中，性具四大，清淨本然，周徧法界，故能隨眾生心，應所知量，循業發現，而直計四大為圓融妙性，此則錯解，惟地，惟水，惟火，惟非（孤山曰：非猶破也。）

風法門，而謬同天壤矣。

迷佛菩提，亡失知見，是名第五計著崇事，迷（己一真靈覺之）心，從（彼四大無知之）物，立妄求因，（非因計因也。）求妄冀果，（無果望果也。如此錯亂修證，是為）違遠圓通，背涅槃城，（貫珠：心本化原，識本化種，迷而不知四大非能化能生，執為能化能生，是為因果，皆妄顛倒化理，故名）生顛化種（也）。

㊅辛 六歸無歸執

又善男子，窮諸行空，已滅生滅，而於寂滅精妙未圓，若於圓明（之理，即所觀之識也。）計（此）明中（本自）虛（寂，欲遂）非滅群化，以永滅依，（長水疏：色受想行，攝一切法，名為群化，永滅依，即明中虛也，此計空為）為所歸依，（謬為涅槃。）生勝解者，是人則墮歸無歸執。（非歸而妄計為所歸，故云）

歸無歸執無想天中令不恒行心心所滅及四空天諸舜若多令彼有對色法銷滅皆計虛無而成斷滅成其伴侶迷佛菩提亡失知見是名第六執圓明罔象虛無之識心為因成所歸斷滅空亡之果違遠圓通背涅槃城生斷滅種

(辛)七貪非貪執

又善男子窮諸行空已滅生滅而於寂滅精妙未圓若於圓常之中即欲固身常住執識陰為圓常欲固此身亦同識陰故云同於精圓性體長不傾逝生勝解者是人則墮貪非貪執非所應貪而妄貪故云貪非貪執諸阿斯陀此翻無比長壽仙名求長命者成其伴侶虛妄色身全屬塵勞今欲固之則長勞矣迷佛菩提亡失知見是名

第七執著命元。以識陰為長命之元。立固妄因以因中工夫惟求堅固妄性妄命也趣長勞果。言所趣之果。徒以長勞終非常住也。違遠圓通背涅槃城。生妄延種妄延者。妄求身命延長也

㊀辛八真無真執

又善男子。窮諸行空。已滅生滅。而於寂滅。精妙未圓。若觀此識陰為十方眾生之命元。是十二類命之通要由是我命通彼。彼命通我。故云互通。今觀識陰若盡十方眾生命即皆盡。我命亦盡。盡即教誰證真常理。誰為所化眾生。徒有真常無證真者。遂乃卻留塵勞恐其銷盡便於此際坐蓮華宮廣化七珍多增寶媛縱恣其心受其欲樂。圖命不滅。俾要證真。起用化物。作此執計。定不移轉而生勝解者是人則墮真無真執。無真而妄執為真。故云真

背清淨道者長水疏本修圓觀法界平等離二邊垢

(無真執)吒枳迦羅(赤魔王名)成其伴侶，迷佛菩提，亡失知見。是名第八發邪思因，立熾塵果，違遠圓通，背涅槃城，生天魔種。(溫陵曰，吒枳迦羅，能化欲境自娛，即欲頂自在天類也。因其邪因，感生天魔，惟恣塵欲，名熾塵果。媛美女也)

㊉九定性聲聞

又善男子，窮諸行空，已滅生滅，而於寂滅精妙未圓，於命明中(識精元明，九界壽命之本也)分別(變易細相常住為)精(分段生死形質為)麤，疏決(無漏勝業為)真(有漏雜業為)僞，因果相酬，惟求感應(者，變易果酬無漏因，分段果酬有漏因，故惟以出世道，感出世滅)背(於本自超越世出世間之)清淨道，所謂見(三界是實)苦，斷(見思之實)集，(為)證(偏真寂)滅，乃修(無漏)

名清淨道今發小乘之解故名曰背真

道。居寂滅。已為休息所謂一得入滅。便謂了當。更不前進。於此生勝解者。是人則墮定性聲聞。諸無聞僧。增上慢者成其伴侶。不知祇一真諦尚未全彰俗諦中諦何曾知見故迷佛菩提亡失知見。是名第九圓精應之因心。以成趣寂之小果。溫陵曰圓精應即決擇麤業唯求精應證於偏真。纏空趣寂。是即違遠圓通。背涅槃城。生纏空種被空所纏不能迴心出假。此真增上慢人。由其無聞熏力故也。

(辛)十定性緣覺

又善男子窮諸行空。已滅生滅。而於寂滅精妙未圓。若於圓融清淨覺明。偏一切法隨舉一塵因非全體圓明覺性今發心研究深妙之處即立以為涅槃不知法法皆深皆妙雖稱覺悟。未臻化圓。於此保證而不前進。生勝解者。是人則墮定性辟支。諸緣覺獨覺之倫。出有佛世名為緣覺。出無佛世名為獨覺。仍是定性偏真不迴心趣大者。成其伴侶。迷佛菩提。亡失知見。是名第十圓覺𤁝心。成湛明果。違遠圓通。背涅槃城。生覺圓明不化圓種長水疏。認識陰湛為圓覺。符妄計為澄心。寂焉不動。非無覺了。故云湛明。證識覺之圓明。無悲化之妙用。故云不化圓種。

(庚)三斥邪結正二 初斥邪 二結正。(辛)今初

阿難。如是十種禪那。中途成狂。因依迷惑。於未足中生滿足證。皆是識陰用心交互。故生斯位。眾生頑迷。不自忖量。逢此現前。各以所愛先習迷心。而自休息。將為畢竟所歸寧地。自言滿足無上菩提。大妄語成。

為外道邪魔所感業終，墮無間獄，聲聞緣覺，不成增進。汝等存心秉如來道，將此法門於我滅後，傳示末世，普令衆生，覺了斯義，無令見魔自作沈孽，保綏哀救，銷息邪緣，令其身心入佛知見，從始成就，不遭岐路。

文句：初卷正示二本，即云諸修行人，不能得成無上菩提，乃至別成聲聞緣覺，及成外道諸天魔王及魔眷屬，正指此陰魔諸境而言之也。外道邪魔所感偽果，即是諸天魔眷，及十種仙，至於業終墮無間獄，則必更歷鬼畜復形人道，乃至或作修羅則修行人。適與種種顛倒諸眾生等。惟聲聞緣覺。得免分段苦輪。然亦不成增進。則變易生死仍在。良由不知二種根本。迷於常住真心。用諸妄想故耳。若知二十五門各具五陰。虛妄境界。只此虛妄五陰。本皆如來藏性。無一可取。無一可捨。迷之則為二種生死根本。悟之則是菩提涅槃元清淨體。何至各以所愛先習迷心。而中途成狂也哉。見魔亦即心魔。謂依識陰起於分別我法二執。故名見魔。須知聲聞緣覺。亦是分別法執所攝也。

(辛)二結正

如是法門先過去世恒沙劫中微塵如來乘此心開得無上道通識此示諸佛同證也謂無有一佛不破識陰而得菩提者識陰若盡則汝現前諸根互用文句正所謂忽然超越之境界也謂觀行盡則入相似便得六根清淨相似盡則入分證便得六根互用從互用中便能入於菩薩金剛乾慧所謂分證盡乃階究竟也究竟盡則第八識轉成大圓鏡智前五識轉爲成所作智故圓明精心於中發化三類分身徧息苦輪惟如如理及如如智內外明徹譬如淨瑠璃內含寶月頓超信住行向地等而成妙覺無上道故云如是乃超十信十住十行十迴向四加行心菩薩所行金剛十地等覺圓明入於如來妙莊嚴海圓滿菩提歸無所得也文句此正明圓頓行人一超直入不藉劬勞貫穿修證又互用中即能超入金剛乾慧從金剛乾慧又

即超ㄧ入如來果海，則重重單複十二之義亦成。譬如利刀一截千紙，大鵬一舉九萬，直是迅速，然非總廢諸位。又超字有二義，一者剎那頓證為超，二者雖歷塵劫，但以不遭枝岐，中間永無諸委曲相，亦名為超也。妙莊嚴海，即萬行究竟，圓滿菩提，即智德究竟，歸無所得，即理體究竟。又功德莊嚴智慧莊嚴自性清淨莊嚴，不縱不橫，無二莊嚴，故名妙莊嚴海，實智菩提圓滿，方便菩提圓滿，真性菩提圓滿，不縱不橫，無二圓滿，故名圓滿菩提。三諦妙理，如頭本不失，神珠在衣，故理無所得。性具萬行，如空中鳥跡，鏡中羣象，故行無所得。稱性止觀，如日月本明，鏡水本照，故智無所得。不縱不橫，無二所歸，故名歸無所得，彼魔外二乘等，由其皆有所得，所以皆非究竟也。二別明境發之相竟。

(戊) 三結勸欽誨遵修

此是過去先佛世尊，（於）奢摩他（止）中（之觀），毘婆舍那（之慧）（性）覺明分析微細魔事。魔境現前，汝能諳識，（則）心垢洗除不落邪見。由是陰魔銷滅，天魔摧碎，大力鬼神，褫奪其魄，相與逃逝，魑魅魍魎，無復出生，直至菩提，無諸少乏。初由下劣，求增進，修證於大涅槃，心不迷悶。文句。此結勸遵修顯教也。若諸末世愚鈍眾生，言其無多聞性而已，非謂茫如白羊者也，乏智慧故。未識中道之禪那，妙理缺，辯才故，不知說於修行之法要，但已發真正菩提之心，決欲超生脫死，證入圓通，樂修三昧者。今汝阿難亦恐彼同於邪見，欲保護之，應當一心勸令持我佛頂陀羅尼咒，若未能誦，則寫於禪堂，或帶於身上，而一切諸魔所不能動。汝當恭欽十方如來，究竟修進，最後垂範。此結勸遵修密詮也。又必親近明師，秉承教示，於此二十五門，稱其所宜，隨依一種修行，事非一概然。雖有師承，仍須咒護，驗知末世師匠，既不諳於此經持咒。又不合於軌式。其不同邪者。幾希矣。以上初正明禪境竟。

丙二更斷餘疑二初疑問、二答釋。丁初中三。初領前法、二騰三問、三總請答。戊今初

阿難即從座起。聞佛示誨。頂禮欽奉。憶持無失。於大眾中。重復白佛。

戊二騰三問即為三。初問陰本妄想、二問併銷次第、三問詣何為界。己今初

如佛所言。五陰相中。五種虛妄為本想心。我等平常未蒙如來。微細開示。

文句。此問五陰何故惟是五種妄想為本。更無他

本耶。

(巳)二問併銷次第

又此五陰為併銷除為次第盡。

(巳)三問詣何為界

如是五重詣何為界。

(戊)三總請答

惟願如來(重為)發宣(無倦)大慈。(一一詳示不獨)為此大眾清明(其)心目(抑亦)以為末世一切眾生(入佛知見)作將來(道)眼。

(丁)二答釋二。初正答所問二結勸傳示。(戊)初中三。初廣答陰本妄想二超答詣何為界三追答併銷次第。㊁初又三。初總明。二別示。三結成。

㊀今初

佛告阿難。精真妙明。本覺圓淨。亦指現前一念心之實性而言之也。不雜名精。不妄名真。妙明者。寂而常照也。從來無不覺。故名為本覺。圓淨者。照而常寂也。非留死生。徧指分段變易。及諸塵垢。徧指九界惑業。乃至虛空。徧指九界依報。皆因妄想之所生起。斯元從本覺妙明真精妙心中。妄以發生諸器世間相。如演若多。迷頭認影之事。無狀狂走。故云妄元無因。以自妄想發生。遞相為種。故於妄想中。立因緣性。已是迷矣。且迷因緣者。又稱為自然。豈非更迷哉。彼虛空性。猶非實有。究竟幻生。故云因緣自然。皆是眾生妄心計度。非本有也。阿難。知妄所起。謂知其無起而妄有緣起。所以強說虛妄因緣。此如以藥療病也。若了知妄體元無。起非實起。會須說妄因緣。亦復元無所有。此如病去藥除也。蓋知妄所起秖是不變隨緣。達妄元無。秖是隨緣不變。斯則因緣二字已屬強名。何況不知。更欲推為自然者耶。是故如來。與汝發明。五陰本因同是妄想。夫既曰妄想為本。謂之說妄因緣可也。既惟妄想為本。妄豈有本。謂之元無所有可也。

(庚)二別示即為五。初明色陰惟是堅固妄想。至五明識陰惟是顛倒妄想。(辛)今初

如汝形體。先因父母情想發生。汝心若非有想則不能於中陰來投父母想中。傳受命根。如我先言。心想醋味。口中涎生。心想登高。足心酸起。懸崖不有。醋物未來。

設使汝之色體，必非與虛妄通倫，則此口水，如何因談醋出。是故當知汝現前色身，實由妄想而成。溫陵曰，體因想生，心因妄有，命因想傳，諸妄交固，以成色陰，故名為堅固第一妄想。

文句，人謂色有實法，不知惟是堅固妄想，而色妄想謂之堅固，豈真有堅固哉，試觀口水，惟想所成，一切色法，亦如是矣。

㊇二明受陰惟是虛明妄想

即此所說臨高想心，豈能令汝形體真受酸澀。蓋由因受而生，能動色體。長水疏，動身之想，即明受陰，是其妄想也，則知汝今現前有順益違損二境，現前驅馳，領此順違，生苦樂法，遂成損益，為彼所使。

照境而領。虛通無礙故

名為虛明第二妄想

文句順之則益。違之則損。人謂實有違順二境。以為所受。不知惟是虛明妄想而已。妄想謂有所明。豈真有所明哉。足心酸澀。惟想所成。一切諸受亦如是矣。

(辛)三明想陰惟是融通妄想

夫前後四陰。既云惟是妄想為本。此之想陰。又豈更有他本。即以妄想所現之境。還為妄想所依。是故色受二陰。則明想外無境。今之想陰。須明境外無想。只此所想之境。但是隨想所成。除卻融通妄想。豈復更有本哉。蓋人謂色心兩法。瘖痳二境。決定不相融通。今試觀

由汝念慮。使汝色身。設使身非念倫。汝身何因。隨念所使。且夫心中種種取像。

心既生想．形隨取物．所取之物．必與所念相應．又寤時即為想心．寐時便為諸夢．則若色若心．若寤若寐．何嘗不互融互通．當知汝現前想念搖動妄情．更非實有外境．令我搖動．不過即是融通妄想而已．故名為融通第三妄想．

(辛)四明行陰惟是幽隱妄想

造化之理．即行陰流轉不住．運運密移．甲長髮生．氣銷容皺．日夜相代．曾無覺悟．阿難．此行陰若非汝之實體．云何能與汝體俱遷乎．如必是汝真實體．之汝何無覺知其生滅耶．則汝諸行陰念念不停．密移不覺．故名為幽隱第四妄想．文句．能令體遷．故不離汝想．曾無覺悟．故惟是虛

覆(再也)

妄也。除卻幽隱妄想，豈復更有諸行。

㊄辛 五明識陰惟是顛倒妄想

又汝(識)精(元)明(已離行陰生滅)湛(然)不搖(動)處(設欲)名(為)恒常者於(汝之)身(總)不出(於)見聞覺知。若(此識性)實(為)精真，(便決)不(能)容(留宿)習(之)妄。何因汝等曾於昔年覩一奇物，經歷年歲憶忘俱無，於後忽然覆覩前(時)異(物)記憶宛然。曾不遺失。(由是觀之)則此(第八)精了湛不搖中，念念受熏(持種發起現行，流注生滅)有何籌算(也)。阿難當知，此湛非真，如急流水，(長水疏。凡夫二乘。全不覺知。故)望如恬靜。(十地已前，雖覺未盡。故)流急不見。非是無流。若非(妄)想(根)元。(言此正是妄想根本。以第八識為界趣生本。設)

非則寧受此念念虛妄熏習耶、非汝六根互用開合、使彼妄習無寄、則此之妄想根本、無時得滅、故汝今者、現在見聞覺知、麤現於外、而其中有串習幾微生滅之相、則於湛了內、似有若無、不能窮詰者、正是罔象虛無、名為第五顛倒微細精想、

文句、識陰雖云通指八識、須以第八為總報主、此第八識見分、恒托六根門頭、任運緣於現量性境、故云於身不出見聞覺知也、串、與慣同、常也、幾、微也、除卻顛倒微細精想、豈復更有罔象虛無陳習

㊎三結成

阿難、是五受陰、五妄想成、

文句。言五受陰者。以是眾生之所執受故也。是故五陰通名為受。通名為想。當知亦復通名為識。以受想行三陰。不過皆是識之心所。色陰不過即是識之相分故也。又復通名為行。以色受想識皆是遷流造作法故也。又復通名為色。以初是有對有表色。後四皆是無對無表色故。

㊁二超答詣何為界

汝今欲知。因界淺深。唯色與空。皆是色陰邊際。則十界色法無不豎窮橫徧。唯觸及離。皆是受陰邊際。則十界諸受。亦皆豎窮橫徧。唯記與忘。皆是想陰邊際。唯滅與生。皆是行陰邊際。

溫陵曰。湛了。而湛不自湛。因行不流逸。性入元湛。而合乎湛。皆了。故歸識識稱陰邊際。則十界想行識等。一一皆復豎窮橫徧。所以觀相元妄。無可指陳。惟是五種妄想為本。觀性元真。皆如來藏。清淨本然。周徧法界也。

㊁三追答併銷次第

此五陰元。重疊生起。生因識有。滅從色除。理則頓悟。乘悟併銷。事非頓除。因次第盡。我已示汝劫波巾結。何所不明。再此詢問。

文句。重疊生起者。意顯一念迷妄。法爾頓具五疊渾濁。非謂實有先後也。生因識有二句。大須體會。蓋一往就迷情言。須云生因色有。滅從識除。今是原始要終故云生因識有滅從色除耳請試辯之迷情所見必須先有色空方成觸離因有觸離方有記忘因有記忘方名生滅因有生滅方成了別了別之性稱為湛明豈非生因色有乎下手工夫必須先斷分別無分別則無造作無造作則無諸想無諸想則不取諸受無諸受則不召諸色豈非滅從識除乎今原其所自始者一念無明心動即為識本此識動相即為行本動必取境即為想本能取見分即為受本所取相分即為色本是一念頓具五疊渾濁仍是生因識有也要其所由終者

動靜等二相了然不生，故色性自滅，聞所聞等皆盡，故受性自滅，覺所覺空，故想性自滅，生滅既滅，故行性自滅，忽然超越，故識性自滅，是一念圓超五種妄想，仍是滅從色除也，悟生即無生，故理則頓悟，乘悟併銷，所謂一銷一切銷，喻如巾之六結，一解一切解，約橫喻也，無滅而論滅，故事非頓除，因次第盡，所謂先得人空，次悟法空，然後入無生忍，喻如巾之一結，要須從中下手，漸令分散，約豎喻也，然而事理本自不二，迷悟不免天殊，以理從事，則何理非事，以事從理，則何事非理，倘不深知六即妙義通達橫豎法門何由能識此經宗趣令不避繁再為點示先約義立成四句次融會收入一途先立四句者一頓悟頓除二頓悟漸除三漸悟頓除四漸悟漸除一頓悟頓除者即是最利根人事理二障俱薄始則於觀行中乘此心開超入金剛乾慧次又於金剛乾慧中圓明精心頓超信住行向地等入妙覺海也二頓悟漸除者如阿難等先悟藏性頓獲法身次復定境修觀漸除根中積生虛習者是也三漸悟頓除者如滿慈輩所知障重故開悟為難由其三緣先斷故但使三因不

生則狂心頓歇歇即菩提也四漸悟漸除者二障俱重須以聞熏漸開圓解次依圓解而起真修乃至歷劫辛勤修證者是也此之四句但約圓家建立非關藏通別等設於前三教門各立四句義亦可得非此所急故不說之次會一途者全事之理無漸而非頓縱爾六結解不同時而解法畢竟無二未有知解此結而不知解彼結者是故頓漸二悟同名為頓全理之事無頓而非漸縱爾五陰剎那同盡而次第終自炳然未有色不盡而受先盡乃至行不盡而識先盡者是故頓漸二除同名為

漸也。所以劫波巾。喻約六根。則横而兼豎。以根根皆有五陰重疊故。約五陰則豎而復横。以觀行中亦盡五陰。乃至究竟位中。亦復盡五陰故法喻巧妙。所應深思。初正答所問竟。

戊二結勸傳示

汝應將此妄想根元。除滅令盡。心得開通。此自覺也。復以此法門。傳示將來末法之中。諸修行者。令識虛妄。深厭自生。知有涅槃。不戀三界

文句。五陰既惟妄想為本。所以無非虛妄。九界眾生。皆由不知五陰虛妄。不能深起厭離。所以不知

涅槃真性。而久戀三土之三界也。涅槃三義者。一性淨涅槃。即法身德。二圓淨涅槃。即般若德。三方便淨涅槃。即解脫德。若離而言之。橫約三人。豎約三位。三人者。性淨屬佛。方便淨屬菩薩。圓淨屬二乘。三位者。圓淨屬七信。方便淨屬十信。性淨屬初住以上。今合而言之。正因性顯名性淨。緣因性顯名方便淨。了因性顯名圓淨。三因圓顯則三德涅槃圓證。所謂舉一即三。言三即一也。又知涅槃亦具橫豎二義。一豎義者。知有圓淨涅槃。不戀同居三界。知有方便淨涅槃。不戀有餘三界。知有性淨涅槃。不戀實報三界。破界內陰。顯圓淨涅槃。破有餘陰。顯方便淨涅槃。破實報陰。顯性淨涅槃。三涅槃顯。即法性五陰顯。所謂去泥純水也。二橫義者。十界五陰。皆即空故。名圓淨涅槃。十界五陰皆即假故。名方便淨涅槃。十界五陰。皆即中故。名性淨涅槃。證此三涅槃性。故一切變現。不為煩惱也。大章正宗分竟。

(甲)三流通分二。初如來歎述二大眾歡喜。

(乙)初中二。初明滅惡力用。二明生善力用。

(丙)今初

阿難。若復有人。徧滿十方。所有（無盡之）虛空盈滿（無盡虛空）七寶（之財）持以奉上微塵（無盡福田之）諸佛。（如是）承事供養。心無虛度。（可為福德無量矣。）於意云何。是人以此施佛因緣。得福多不。阿難答言。虛空無盡。珍寶無邊。（供養最上無盡福田之諸佛。其福豈可思議哉。）昔有眾生施佛（以）七錢。（而為供養）捨（此一生轉）身猶獲轉輪王位。況復現前虛空既窮。（供則多也。）佛土充徧。（福田勝也。）皆施（此）珍寶窮劫思議尚不能及。是（人之）福云何更有邊際（乎）佛告阿難。諸佛如來。（出真實）語。無（有）虛妄若復有人。身具（比丘）四重。（及菩薩）十波羅夷。（是極惡之因也。）瞬息即經此方他方。阿鼻地獄。（是極惡之果也。）乃至窮盡十方無間地獄。靡不經歷。此人能以暫爾一念之聞。將此楞嚴大定法門於末劫中。聖遠魔强之時。開示未學難進易退之人。是人深重罪障應爾弘經之一念當下銷滅。不但只變其所受地獄之苦因復能轉苦處成安樂國。維摩經云。隨其心淨則佛土淨。夫一念微功不惟滅罪。而且得其福利。超越前之布施以虛空剎寶供養微塵佛之人。百倍千倍。萬倍。千萬億倍。如是乃至算數譬喻所不能及。

文句。先以財施。增上功德。而為能校。次正明法施功德。能滅重罪。兼得勝福也。此法門者。全性成修之法。一路涅槃之門。凡夫現在陰入處界大等。本與諸佛無二無別。皆如來藏妙真如性。一念迷妄。

既可舉此法身般若解脫之全體大用而為阿鼻感業苦三則一念了悟豈不能舉此阿鼻感業苦之全體大用而還成法身般若解脫三德耶蓋十界升沈元不外於現前一念一念能造四重十叓備經無間所以一念還能弘通此法莊嚴淨土也法門既圓頓難思末劫又多疑障重末學則聞熏乏種今秉此一念弘毅深心了知心佛衆生三無差別聖世像季不作二想能為希有殊勝難事命未學頓同有學末劫猶如正法則地獄苦因何不當體變成蓮華淨界乎正報轉故依報隨轉慧性

超故福性亦超。弘經之士。須向此一念薦取始得。

㊉丙 二明生善力用

阿難若有眾生能誦此經。能持此咒。如我廣說（功德之相）窮劫不（能）盡（也）。依我教言。如教行道。直（至）成（就無上）菩提（之果）。無復魔業（留難諸委曲相。其功豈可量哉。所謂若有聞法者。無一不成佛。）

文句。滅惡既極至阿鼻。生善則徑歸佛果。顯說密說功用實均。窮劫廣宣。如何得盡。我輩生雖末劫。獲遘上乘。碎首粉身。莫酬至德。所願依教修行。戒乘俱急。遵最後之叮嚀。祈報恩於萬一耳。

㊀乙 二大眾歡喜

佛說此經已。比丘比丘尼。優婆塞優婆夷一切世間天。人。阿修羅。及諸他方菩薩。二乘。聖仙童子。并初發心護教之大力鬼神。皆大歡喜。作禮而去。

文句大論釋三義故歡喜。一能說人清淨。二所說法清淨。三依法得果清淨能說人者。即是如來法王。為度眾生故說。不為名利故說。所說法者即今了義極典。乃是圓頓真宗。非復權漸曲說。依法得果者。始則不歷僧祇。頓獲法身。次則普會大眾獲法眼淨。無量眾生發無等心。後則頓悟增上妙理。斷除微細煩惱。乃至節節聞經。處處受益也。我輩今者值此遺文深心玩索雖復世遠地偏而心心相印何殊給園初唱前之二喜幸皆有之所愧夙根劣弱尅果未期是故缺於第三喜耳然一字沾神永作金剛種子亦可懸為未來喜也

大佛頂如來密因修證了義諸菩薩萬行首楞嚴經易知錄卷第十 終

國家圖書館出版品預行編目資料

楞嚴經易知錄／默庵法師著. -- 初版. -- 新北市：華夏出版有限公司, 2024.05

冊； 公分. --（圓明書房；060-061）

ISBN 978-626-7393-47-5（上冊：平裝）. --
ISBN 978-626-7393-48-2（下冊：平裝）

1.CST：密教部

221.94 113003713

圓明書房 061

楞嚴經易知錄（下）

著　　作　默庵法師
出　　版　華夏出版有限公司
220 新北市板橋區縣民大道 3 段 93 巷 30 弄 25 號 1 樓
電話：02-32343788　傳真：02-22234544
E-mail：pftwsdom@ms7.hinet.net
印　　刷　百通科技股份有限公司
電話：02-86926066　傳真：02-86926016
總 經 銷　貿騰發賣股份有限公司
新北市 235 中和區立德街 136 號 6 樓
電話：02-82275988　傳真：02-82275989
網址：www.namode.com
版　　次　2024 年 5 月初版一刷
特　　價　新臺幣 850 元（缺頁或破損的書，請寄回更換）

ISBN：978-626-7393-48-2